建筑工程制图与识图习题集

主编：王晓梅 荣琪
主审：张大文 程扬

图书在版编目（CIP）数据

建筑工程制图与识图习题集 / 王晓梅，荣琪主编
. --成都：西南交通大学出版社，2023.9
ISBN 978-7-5643-9489-9

Ⅰ.①建… Ⅱ.①王…②荣… Ⅲ.①建筑制图－识图－高等学校－习题集 Ⅳ.①TU204.21-44

中国国家版本馆 CIP 数据核字（2023）第 177525 号

Jianzhu Gongcheng Zhitu yu Shitu Xitiji
建筑工程制图与识图习题集

主编　王晓梅　荣琪

责任编辑	杨　勇
封面设计	墨创文化
出版发行	西南交通大学出版社 （四川省成都市金牛区二环路北一段 111 号 西南交通大学创新大厦 21 楼）
发行部电话	028-87600564　028-87600533
邮政编码	610031
网　　址	http://www.xnjdcbs.com
印　　刷	成都市新都华兴印务有限公司
成品尺寸	370 mm × 260 mm
印　　张	11.75
字　　数	151 千
版　　次	2023 年 9 月第 1 版
印　　次	2023 年 9 月第 1 次
书　　号	ISBN 978-7-5643-9489-9
定　　价	30.00 元

课件咨询电话：028-81435775
图书如有印装质量问题　本社负责退换
版权所有　盗版必究　举报电话：028-87600562

前 言

我国工业大数据和人工智能的发展，使普通高等学校工程管理、工程造价等专业如何面向全国建设领域投资、建设与营运产业链中成长性企业培育高素质创新应用型管理骨干人才面临挑战，为了适应管理科学及其智能化学科教学需求，根据教育部高等学校工程图学教学指导委员会要求，参考国内同类优秀教材，结合高等院校近年来的工程图学教学成果，我们精心编写了这本《建筑工程制图与识图习题集》。本习题集与转型发展系列教材《建筑工程制图与识图》（含建筑设备工程识图）配套使用。

本习题集是《建筑工程制图与识图》（含建筑设备工程识图）教材的重要补充内容，各章节题目的分量和难度与主教材匹配。习题不仅是检验理论知识的必要手段，更是成效实践的重要途径。本习题集以基本知识习题为主，且穿插适量提高题，题量和难度适中；题型多元化，有选择题、填空题、作图题、抄绘题、空间转换题等；习题单位说明，除标高以"m"为单位，其他都以"mm"为单位，习题题量均匀分配各个章节。

本习题集由教学实践丰富、专业背景扎实的一线教师，结合自身近年来的教学工作经验，基于习题集的实践性，先编写画法几何部分相关习题，同时由简渐难地将建筑工程专业图的习题内容一一展开，将知识点科学合理地进行梳理，为学生巩固理论知识提供系统的实践资料，为学生提高实践技能提供支持。本习题集的主要内容包含有：制图基本知识、几何作图、点的投影、直线的投影、两直线的相对位置、平面的投影、平面立体的投影、曲面立体的投影、截交线的投影、两立体相贯、轴测投影、工程形体投影、建筑施工图、结构施工图。本习题集编写分工如下：王晓梅第一~四章；荣琪第五~七章；张大文、程扬：审核。本习题集可供高等学校本科工程管理、工程造价专业学生使用，也可供其他相关专业本、专科学生使用。

编者

2023年7月

目 录

- 一 制图基本知识 ··· 1
- 二 几何作图 ··· 2
- 三 点、线、面、体的投影
  - 点的投影 ··· 3
  - 直线的投影 ··· 5
  - 直线的相对位置 ····································· 8
  - 平面的投影 ··· 9
  - 平面立体的投影 ····································· 14
  - 曲面立体的投影 ····································· 15
  - 截交线的投影 ······································· 16
  - 两立体相贯 ··· 18
- 四 轴测投影 ··· 19
- 五 工程形体投影 ··· 21
- 六 建筑施工图的阅读与绘制 ······························· 25
- 七 结构施工图的阅读与绘制 ······························· 39

一、填空题

1. 物体要形成投影必须具备三个要素：_____、_____、_____，称它们为投影三要素。
2. 根据投射线形式不同，将投影法分为_____和_____。
3. 根据投射线与投影面的关系，将平行投影法分为_____和_____。
4. 平行投影法的性质：_____、_____、_____、_____、_____。
5. 工程上常用的四种投影图：_____、_____、_____、_____。
6. 三面投影体系的建立，由____、____、____这三个两两互相垂直的投影面构成。
7. 为了作图方便，通常将三维的投影体系展开成二维的。我们移去____，保持__面不动，__面连同水平投影绕X轴向下旋转___，W面连同侧面投影绕Z轴向右旋转____。展开后，_____一般不画，_____也可以不画。
8. 水平投影和正面投影在X轴方向都反映物体的长度，它们的位置左右对正，即_____；正面投影和侧面投影在Z轴方向都反映物体的高度，它们的位置上下应对齐，即_____；水平投影和侧面投影在Y轴方向都反映物体的宽度，它们的宽度要相等，即_____。
9. 在位置对应关系中，水平面投影反映_____关系，侧面投影反映_____关系，正面投影反映_____关系。
10. 铅笔规格通常以____和____来表示，____开头字母的铅笔，表示铅笔芯的硬度，它前面的数字越大，表示它的铅芯越硬，颜色越淡。_____开头字母的铅笔，代表石墨的成分，表示铅笔芯质软的情况和写字的明显程度，它前面的数字越大，表明颜色越浓、越黑。
11. 常用线宽数系有____、____、____、____、____、____、____。在同一张图纸内，相同比例的各图样，应选用相同的线宽组。
12. 绘图时，应根据图样的复杂程度与比例大小，先确定基本线宽___，再确定线宽比___：___：___：___。
13. 单点长画线或双点长画线的两端，不应是____，点画线与点画线或其他图线交接时，应是____交接；虚线与虚线或其他图线交接时，应是____交接；虚线为实线的延长线时，不得与___连接。
14. 字体高度的尺寸系列为____、____、____、____、____、____、____，字体____代表字体的号数。
15. 工程字体宜采用_____或_____。汉字的高度不小于___，字宽一般为字高的____倍。工程字体的特点是_____、_____、_____。
16. 拉丁字母、阿拉伯数字与罗马数字，如需写成斜体字，其斜度应是从字的底线逆时针向上倾斜___。斜体字的高度与宽度应与相应的___字相等。拉丁字母、阿拉伯数字与罗马数字的字高，应不小于___。
17. 建筑工程图样的比例是_____与_____相对应的线性尺寸之比。比例大小指其_____大小。1：1的比例称为_____比例；比值大于1的比例称为_____比例；比小1的比例称为____比例。
18. 图样中一个完整的尺寸，应包括_____、_____、_____和_____四个尺寸要素。
19. A0~A3图幅宜采用_____，必要时可以采用立式，其中A2图纸尺寸_____，A3图纸尺寸_____，A2图纸装订边留_____，其他三边留_____。
20. 用直尺量取尺寸，并进行尺寸标注。

(a)

(b)

(c)

(d)

| 一 制图基本知识 | 班级 | 姓名 | 学号 | 成绩 | 审核 | 日期 |

几何作图

一、绘图要求
1. 用一张A3图幅抄绘所给两个图样。
2. 图框、标题栏参看教材。
3. 绘图比例：采用1∶1。
4. 要求注写尺寸及注写图名和比例。

二、作图步骤
  用H或2H铅笔画底稿线。底稿线应采用细、淡且轻的细实线。
1. 绘制图幅、图框线、标题栏底稿线。
2. 合理布置图形位置。
3. 从布局的上到下，左到右进行绘制。
4. 检查，加深图线。
  用2B铅笔画粗线；用B铅笔画中粗线；用HB铅笔画细线。
5. 注写尺寸标注。
6. 加深图框及标题。
7. 书写文字。

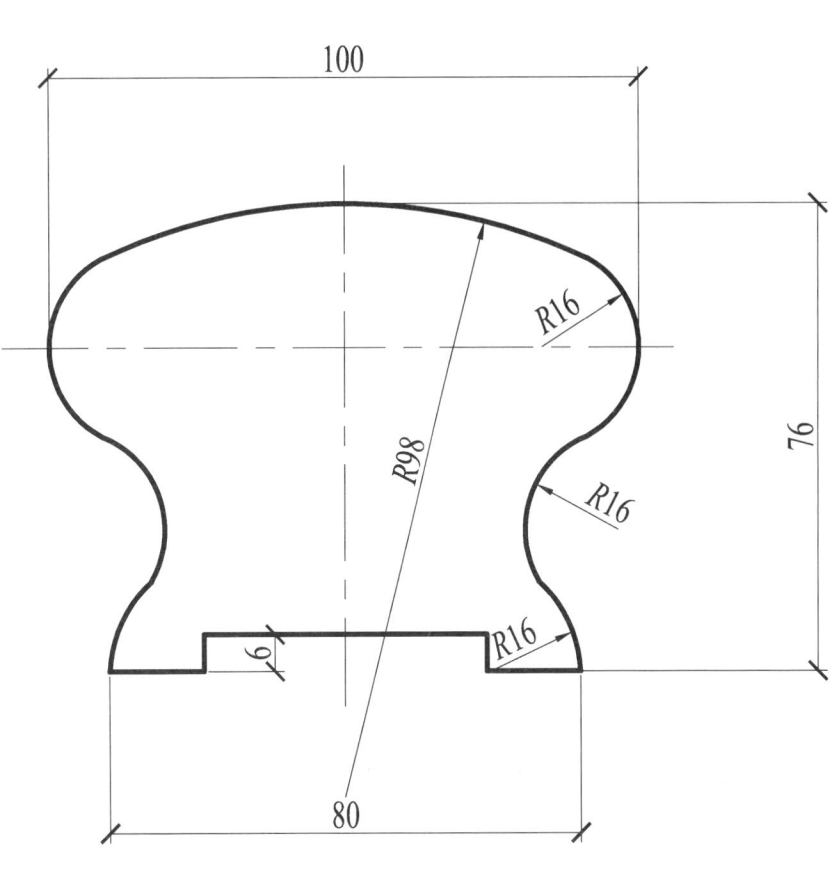

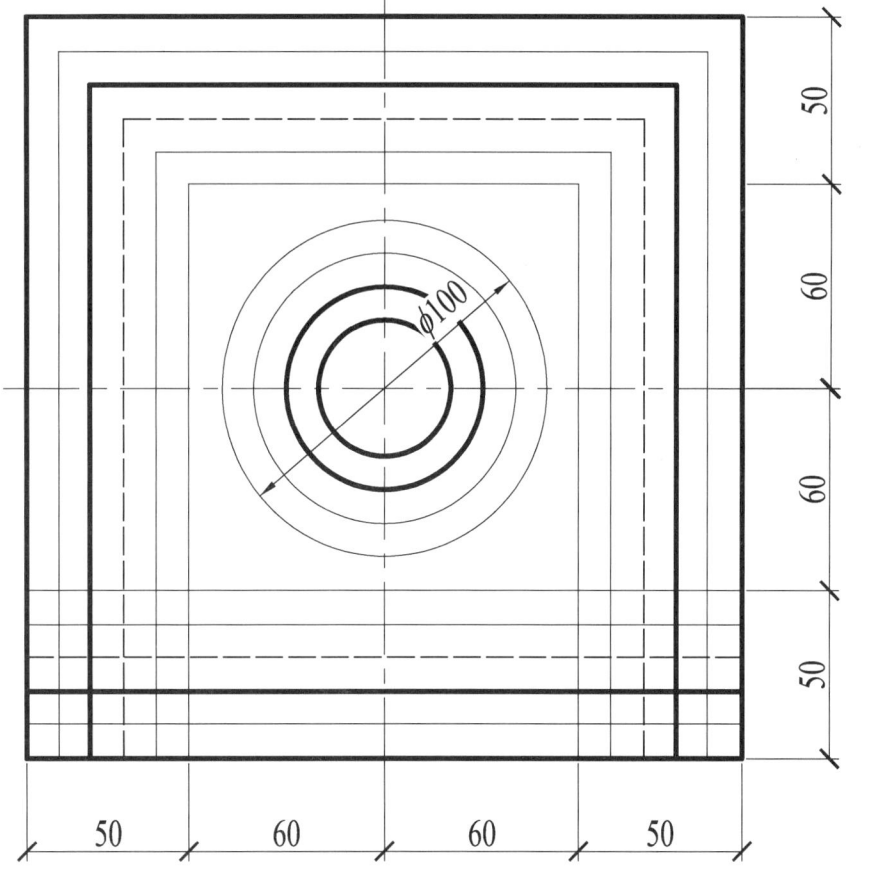

根据条件，用已知R半径为15mm的圆弧连接已知线段。

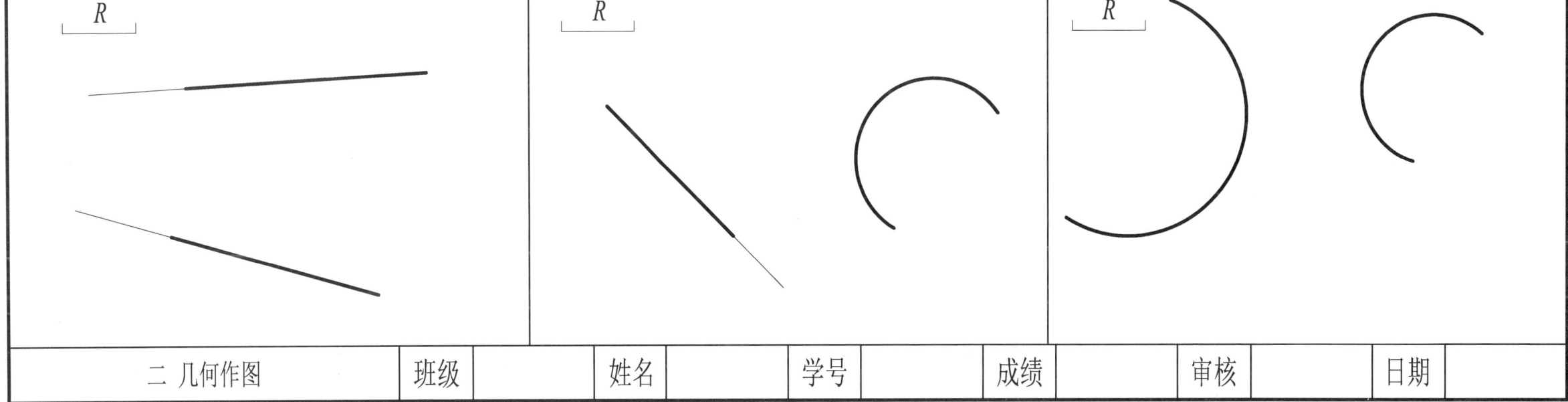

| 二 几何作图 | 班级 | 姓名 | 学号 | 成绩 | 审核 | 日期 |

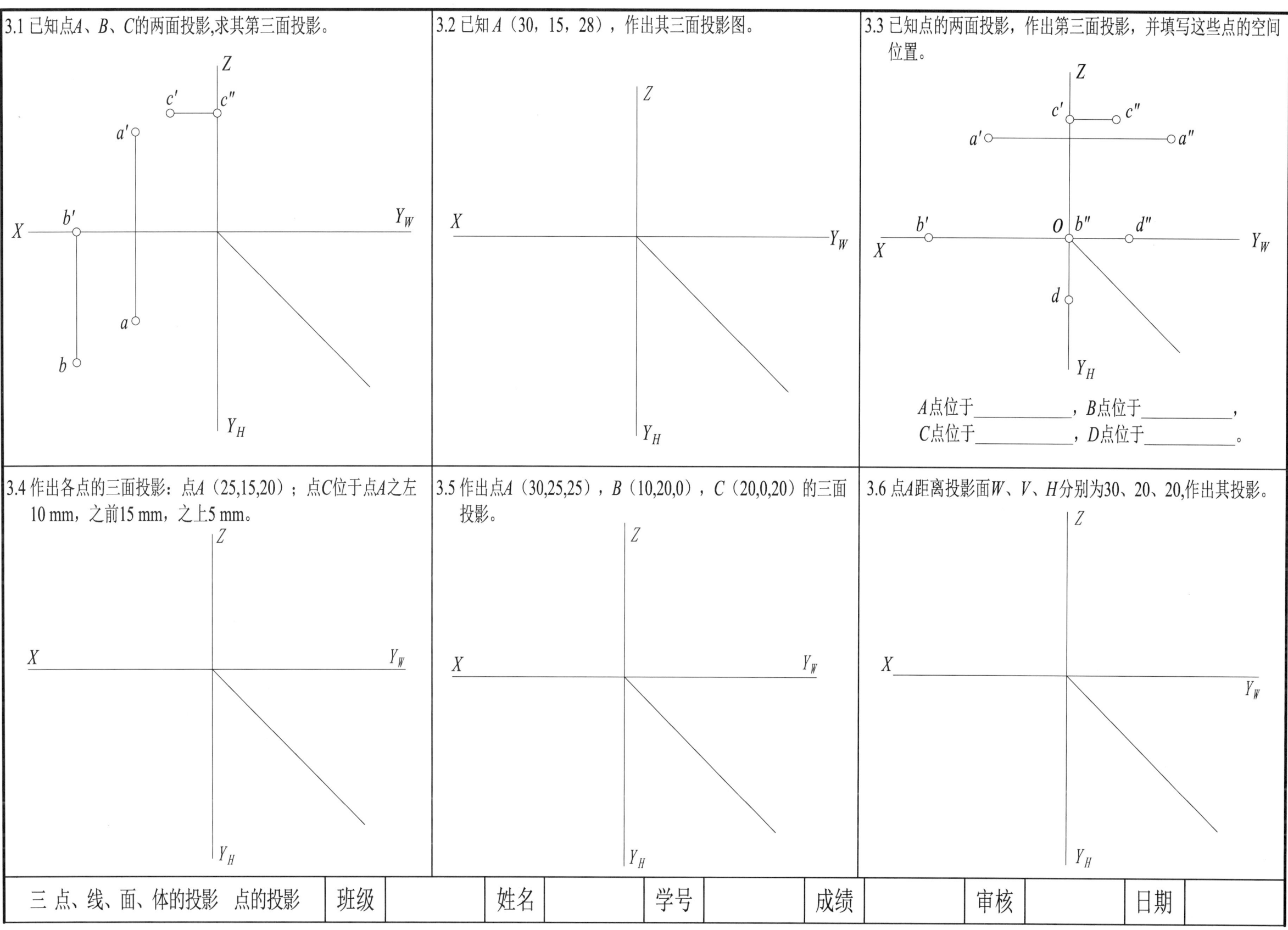

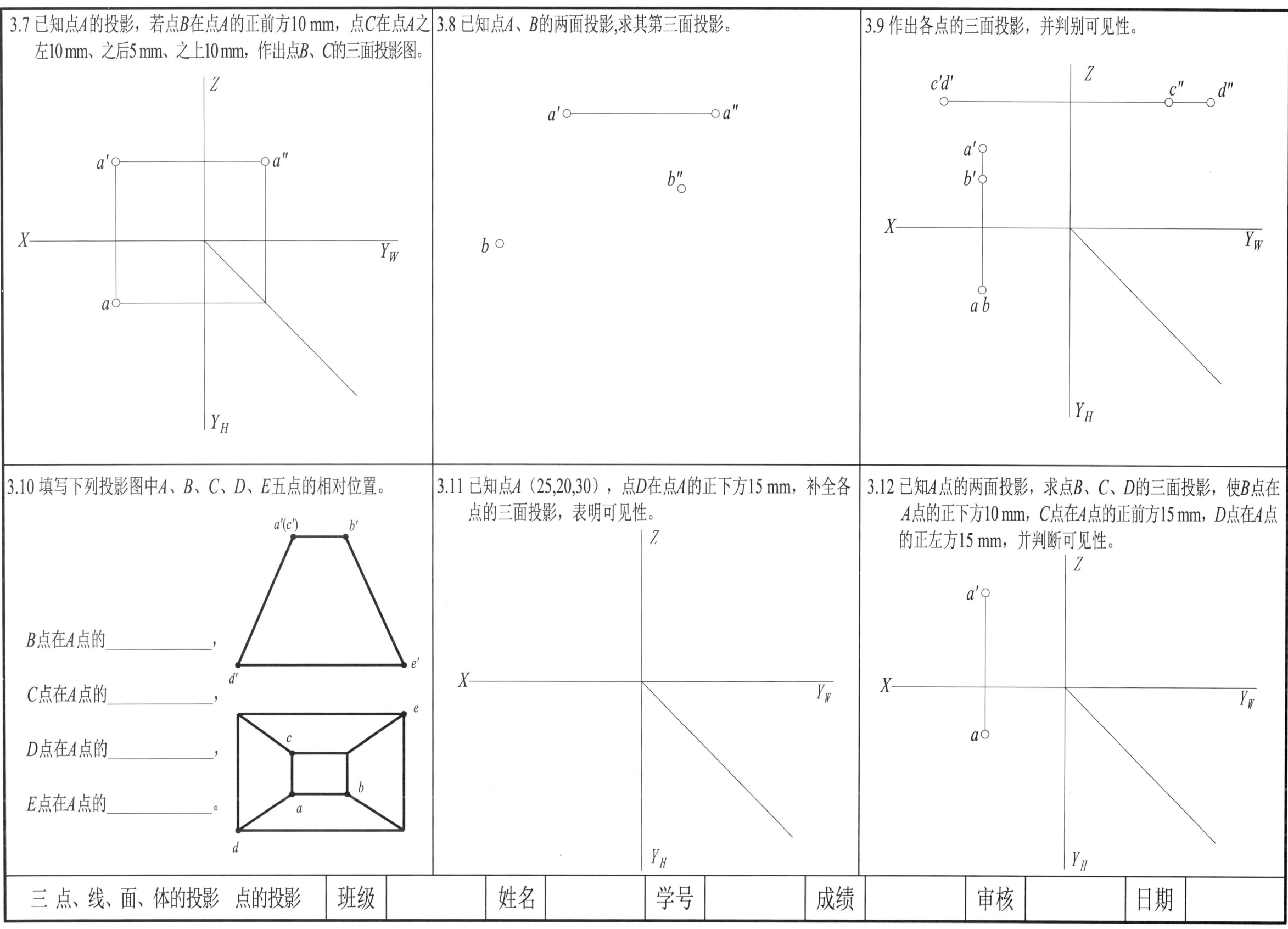

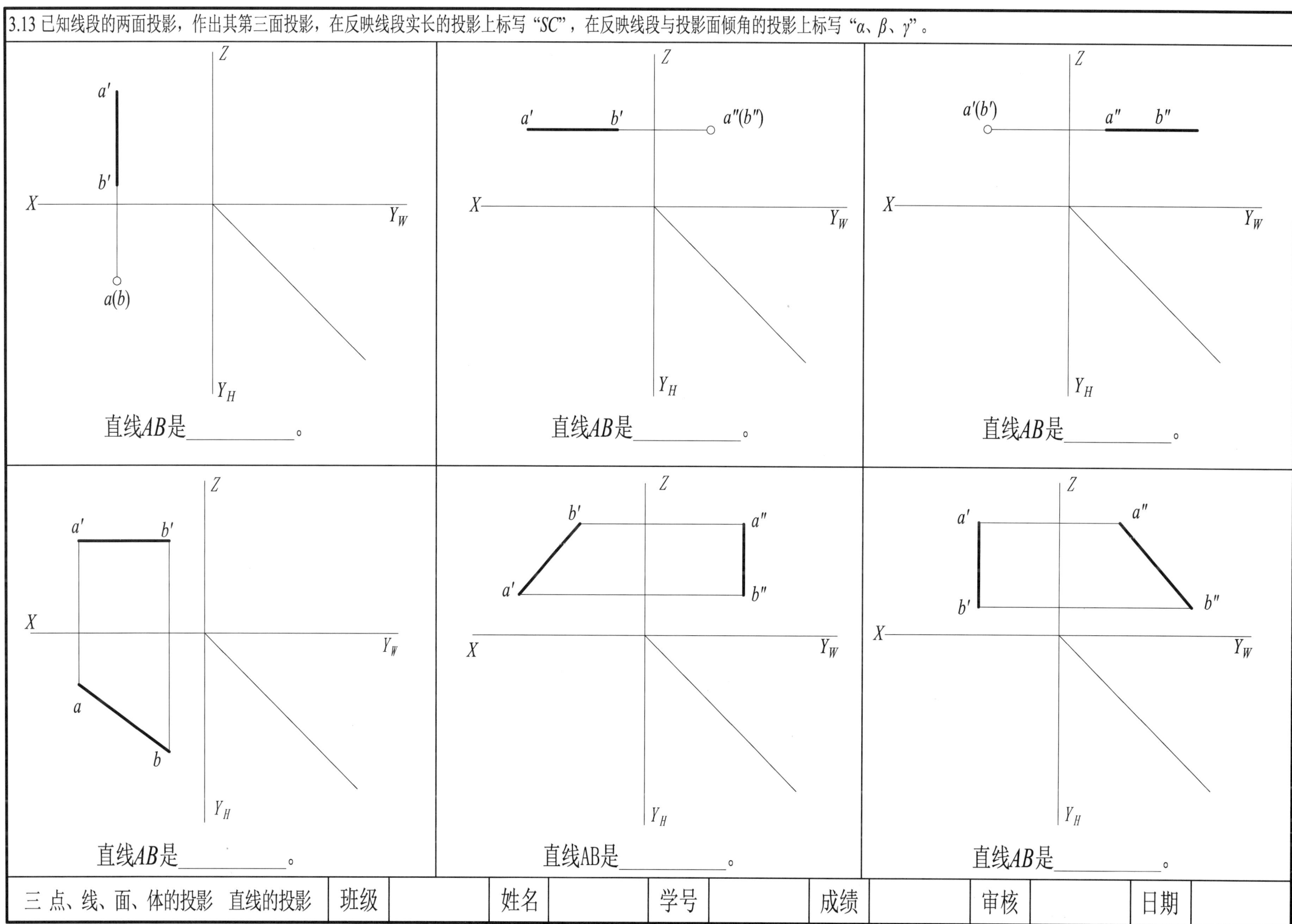

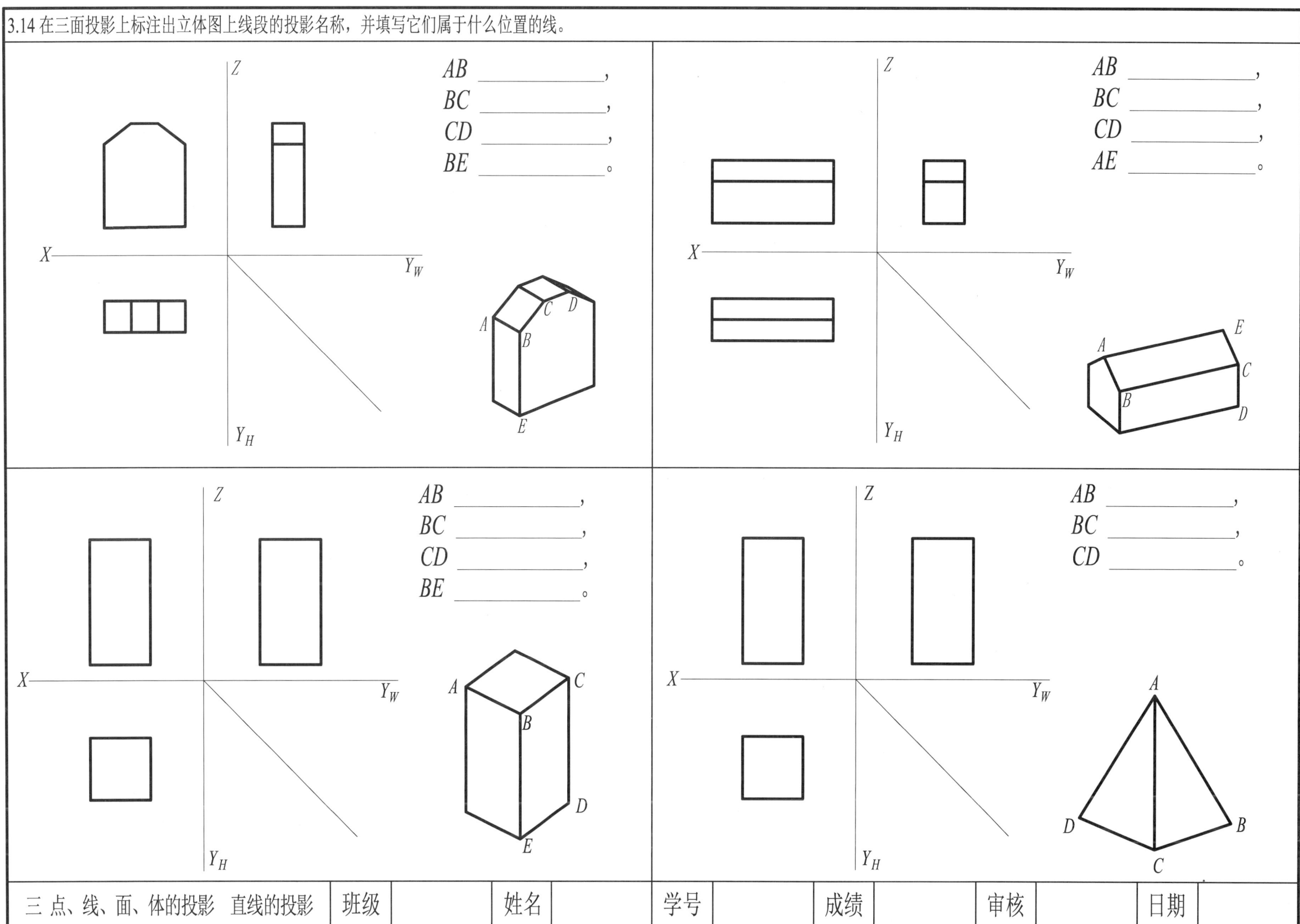

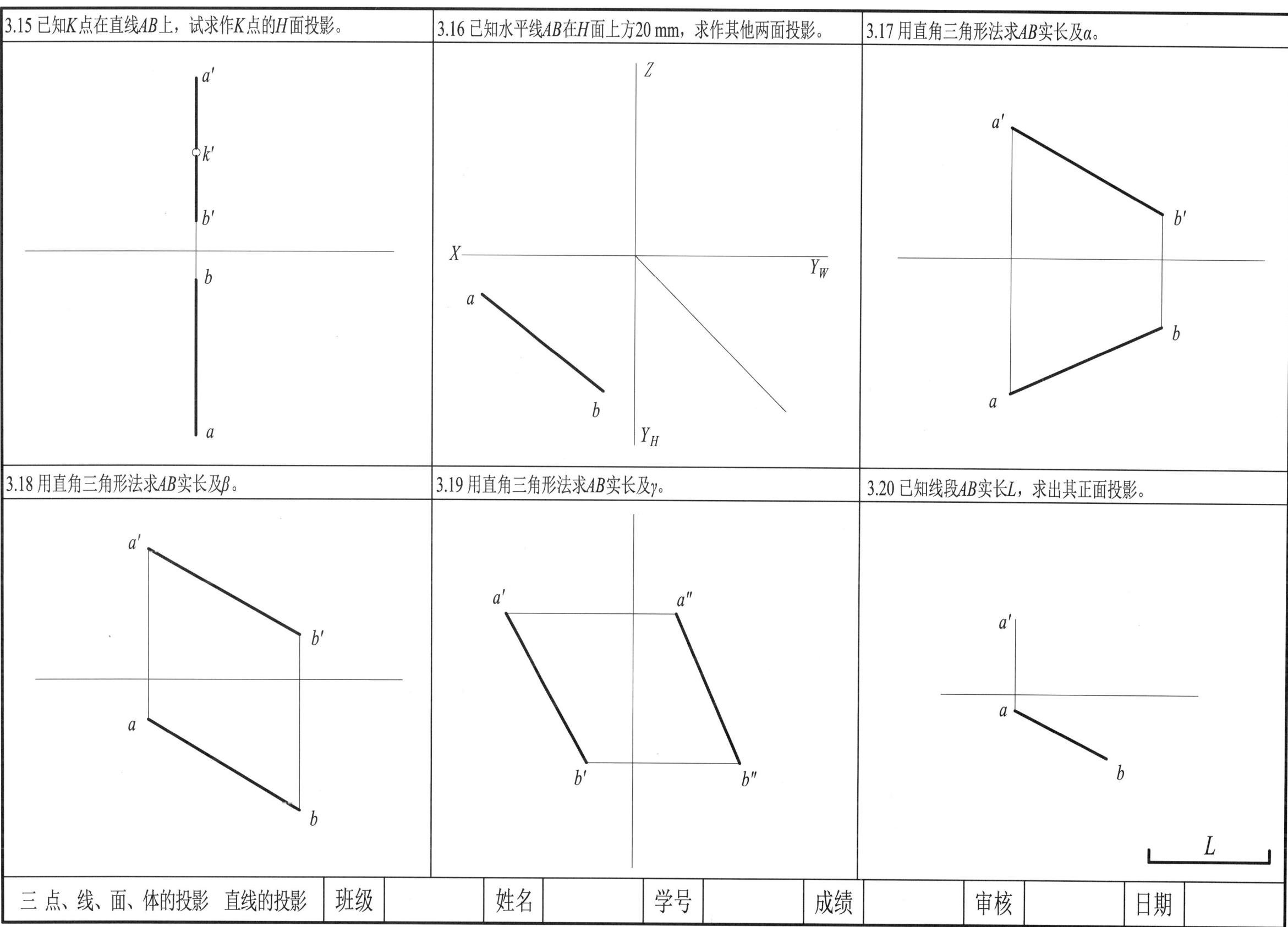

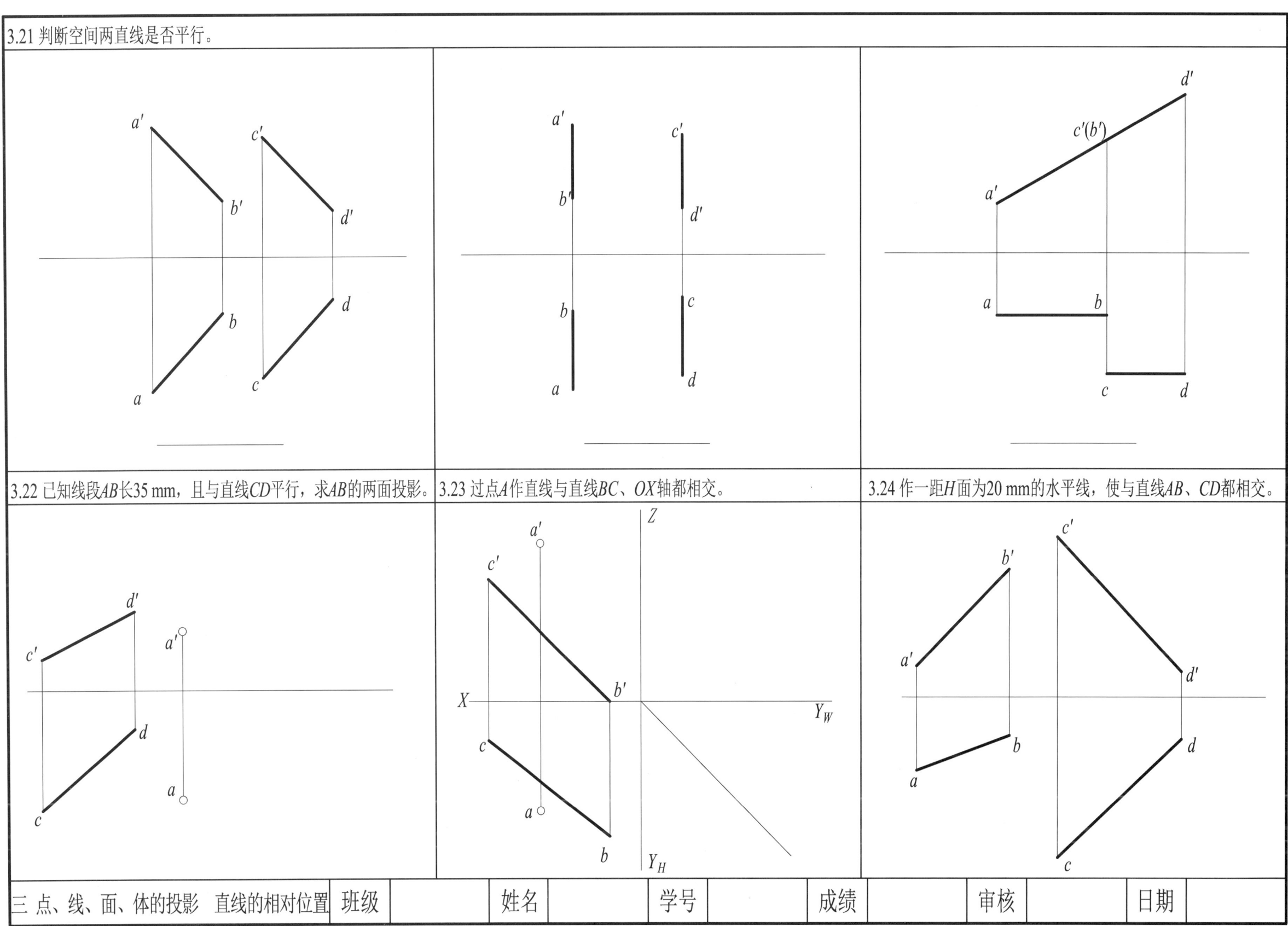

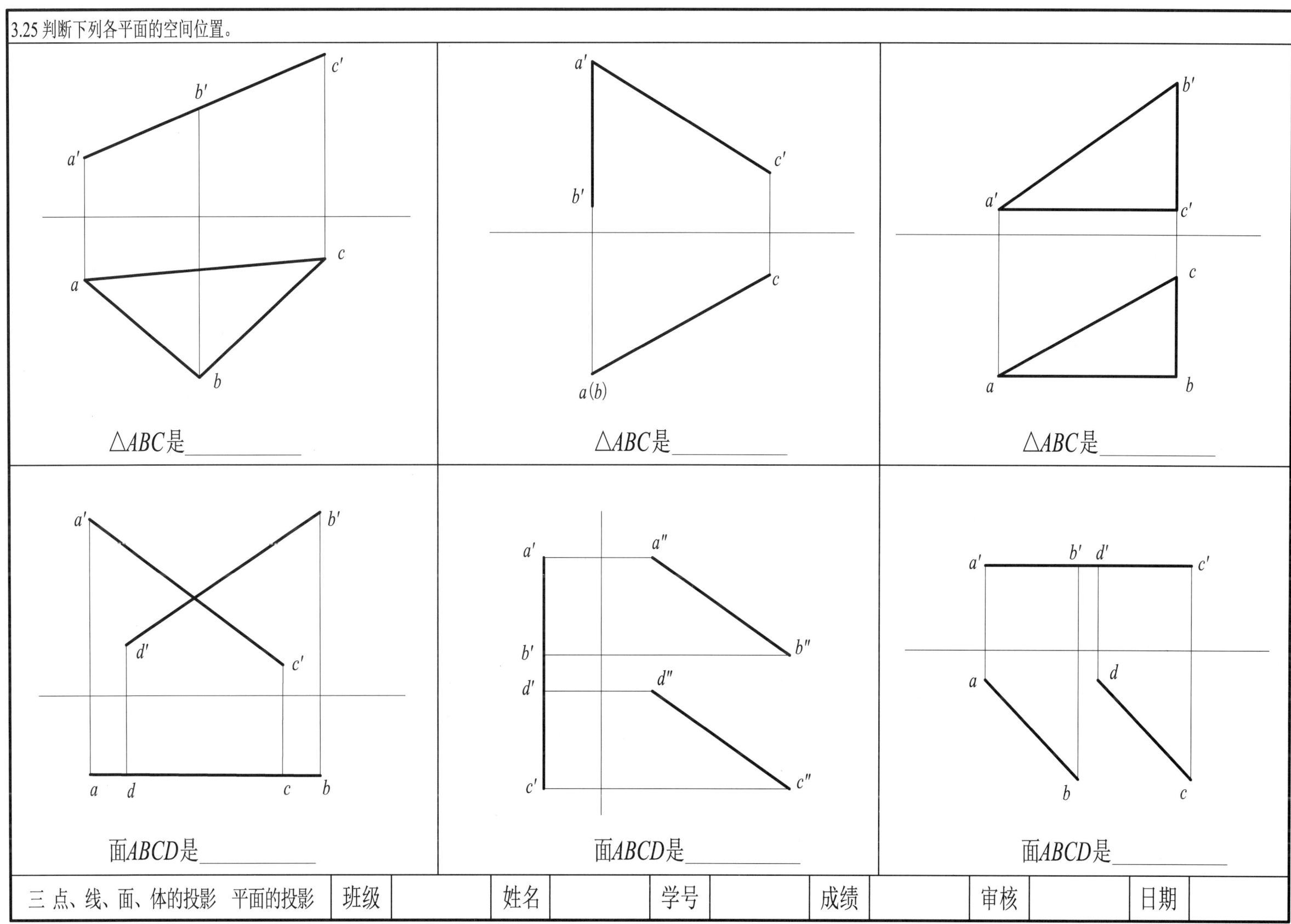

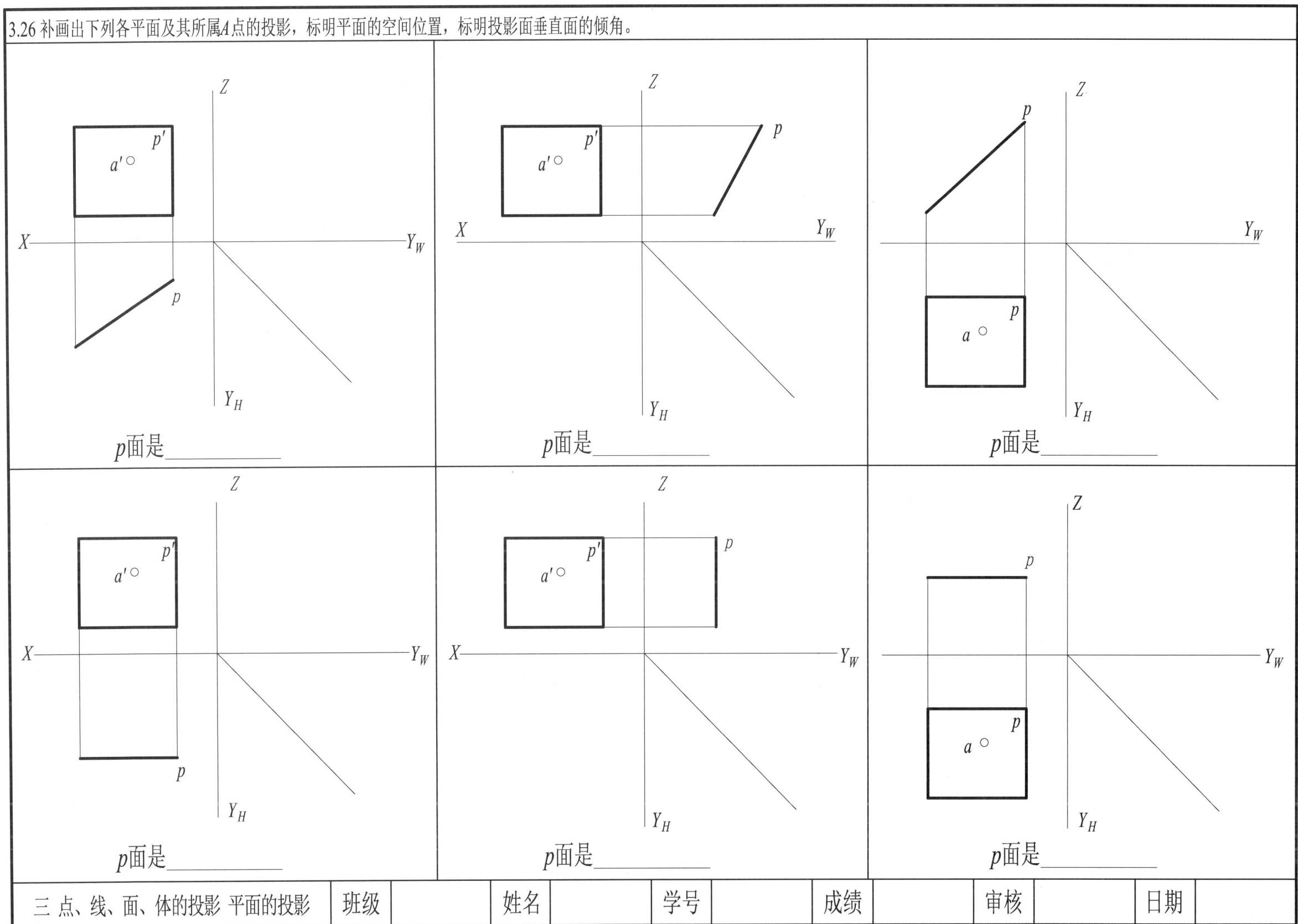

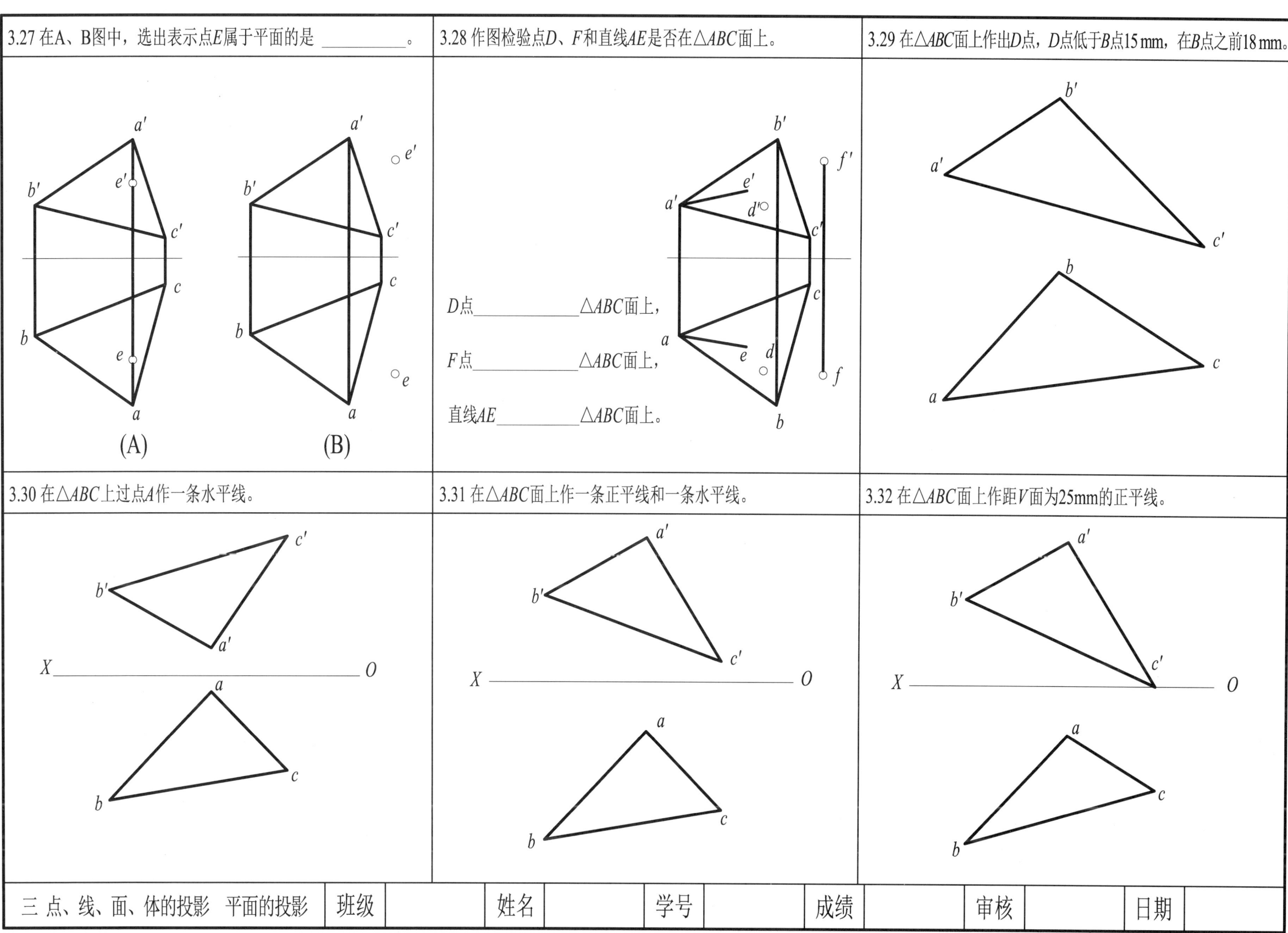

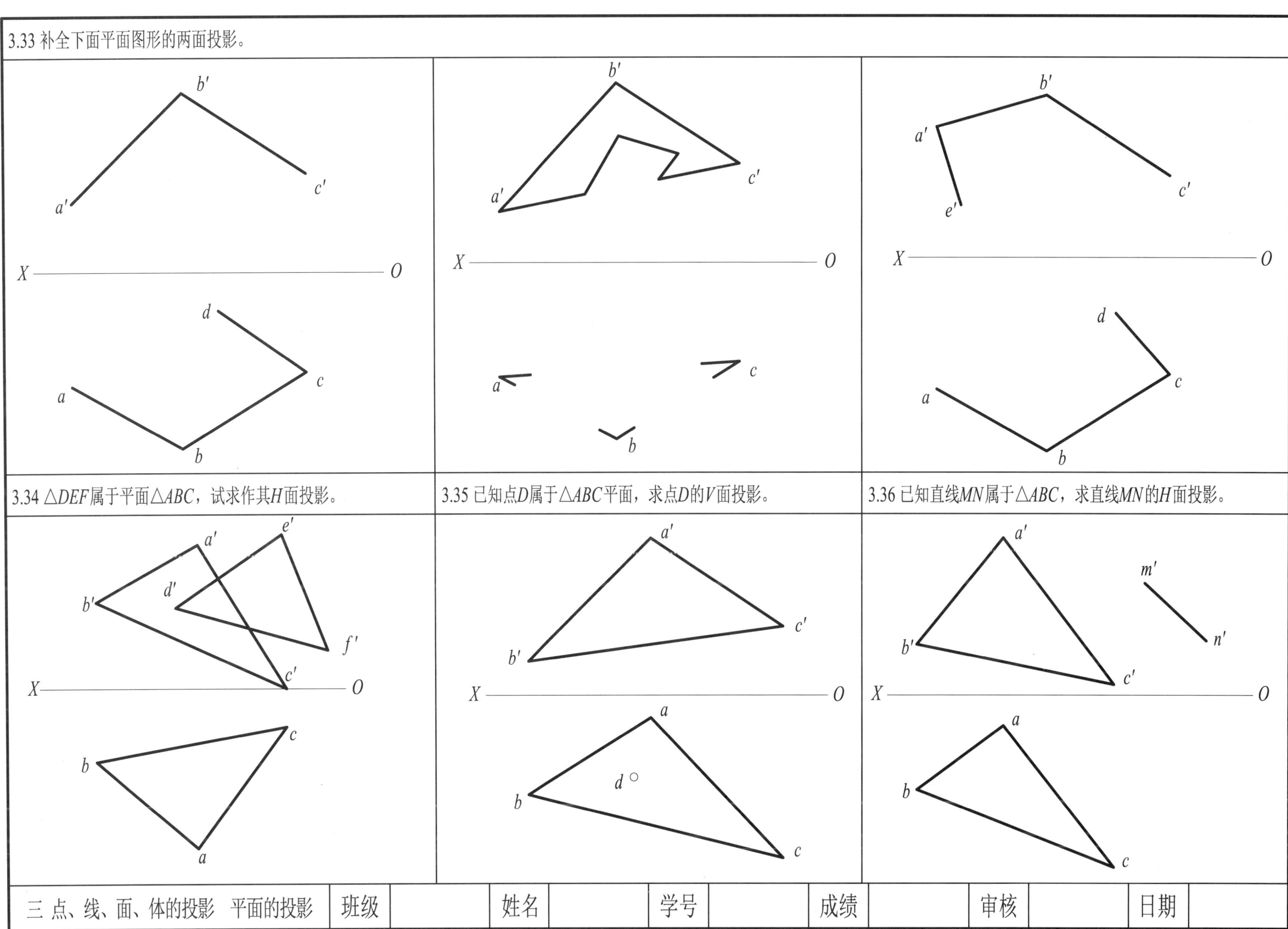

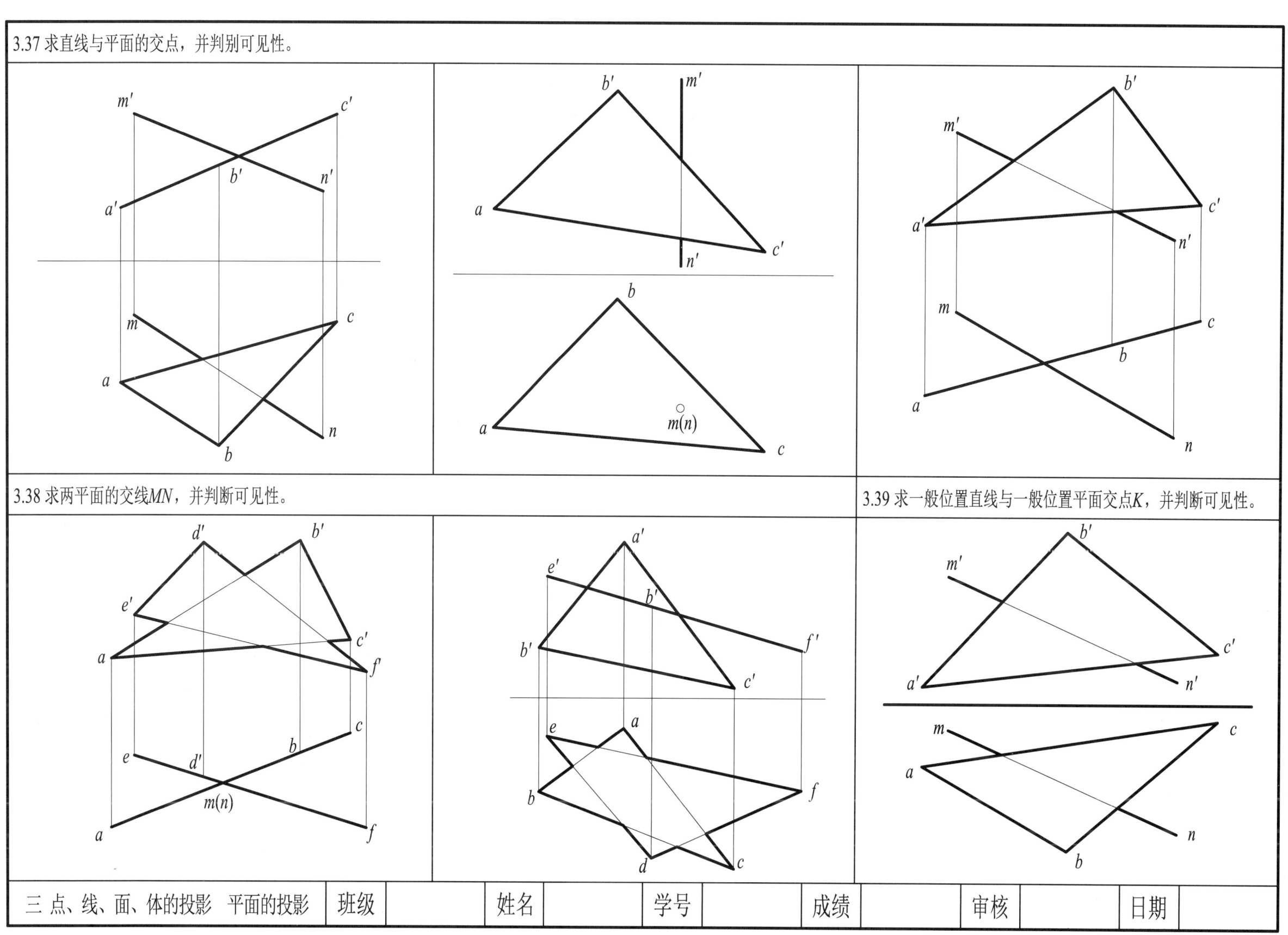

3.40 补全高为45 mm的三棱柱投影。

3.41 已知平面体的两面投影，补画第三面投影。

3.42 补画高为40 mm的正六棱柱投影。

3.43 补画三棱柱的 W 面投影，并补全其表面上点的投影。

3.44 补画四棱柱的 H 面投影，并补全其表面上点的投影。

3.45 补画五棱锥的 V 面投影，并补全其表面上点的投影。

三 点、线、面、体的投影　平面立体的投影

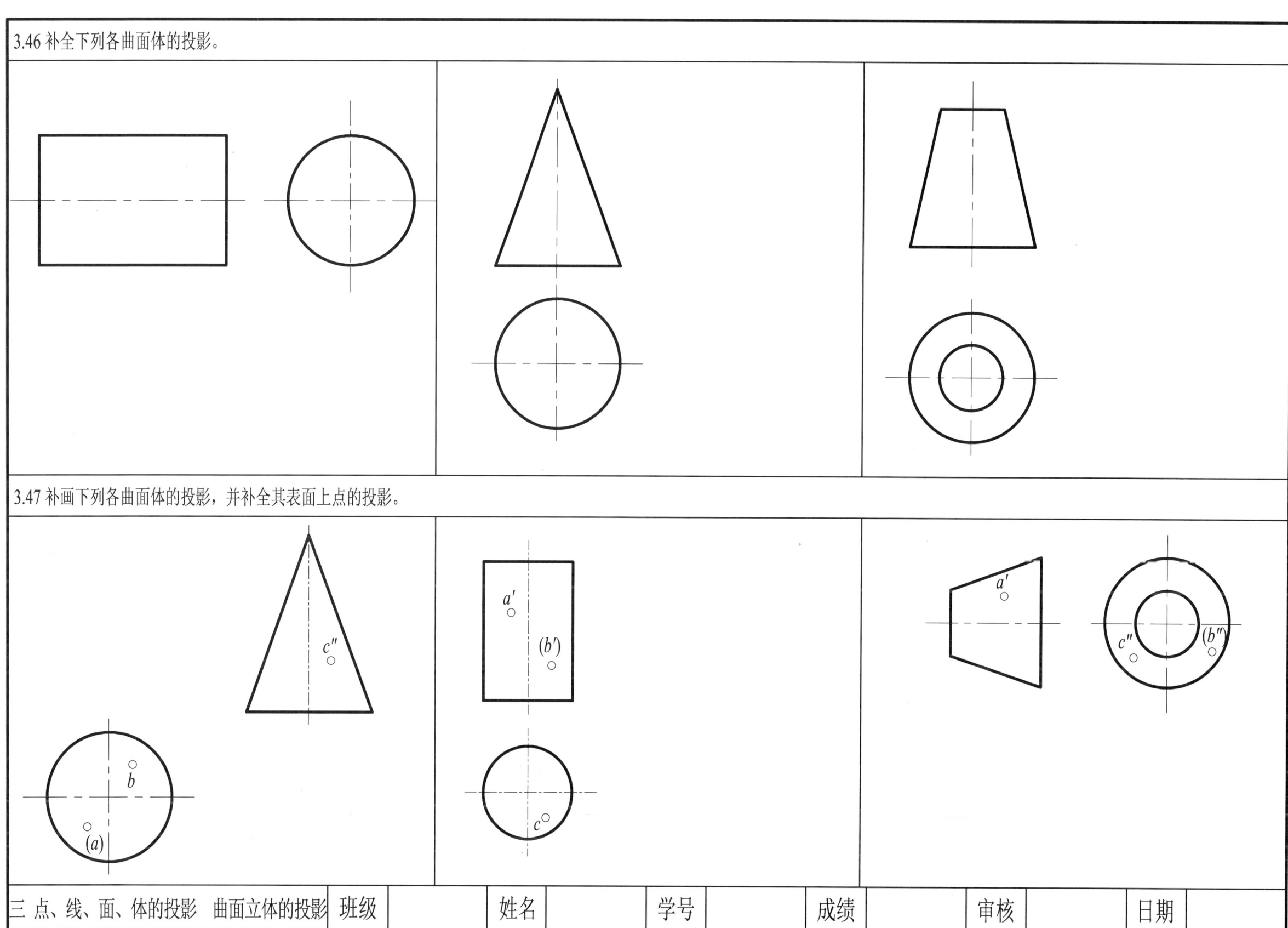

3.48 作出五棱柱的第三面投影，求截平面P与五棱柱的截交线。

3.49 作出三棱锥的第三面投影，求截平面P与三棱锥的截交线。

3.50 作出三棱锥的第三面投影，求截平面P与三棱锥的截交线。

3.51 已知正四棱锥切割体的正面投影，求其他两投影。

3.52 已知切割体的V面投影，完成H、W面投影。

3.53 已知切割体的两面投影，完成其H面投影。

| 三 点、线、面、体的投影 截交线的投影 | 班级 | 姓名 | 学号 | 成绩 | 审核 | 日期 |

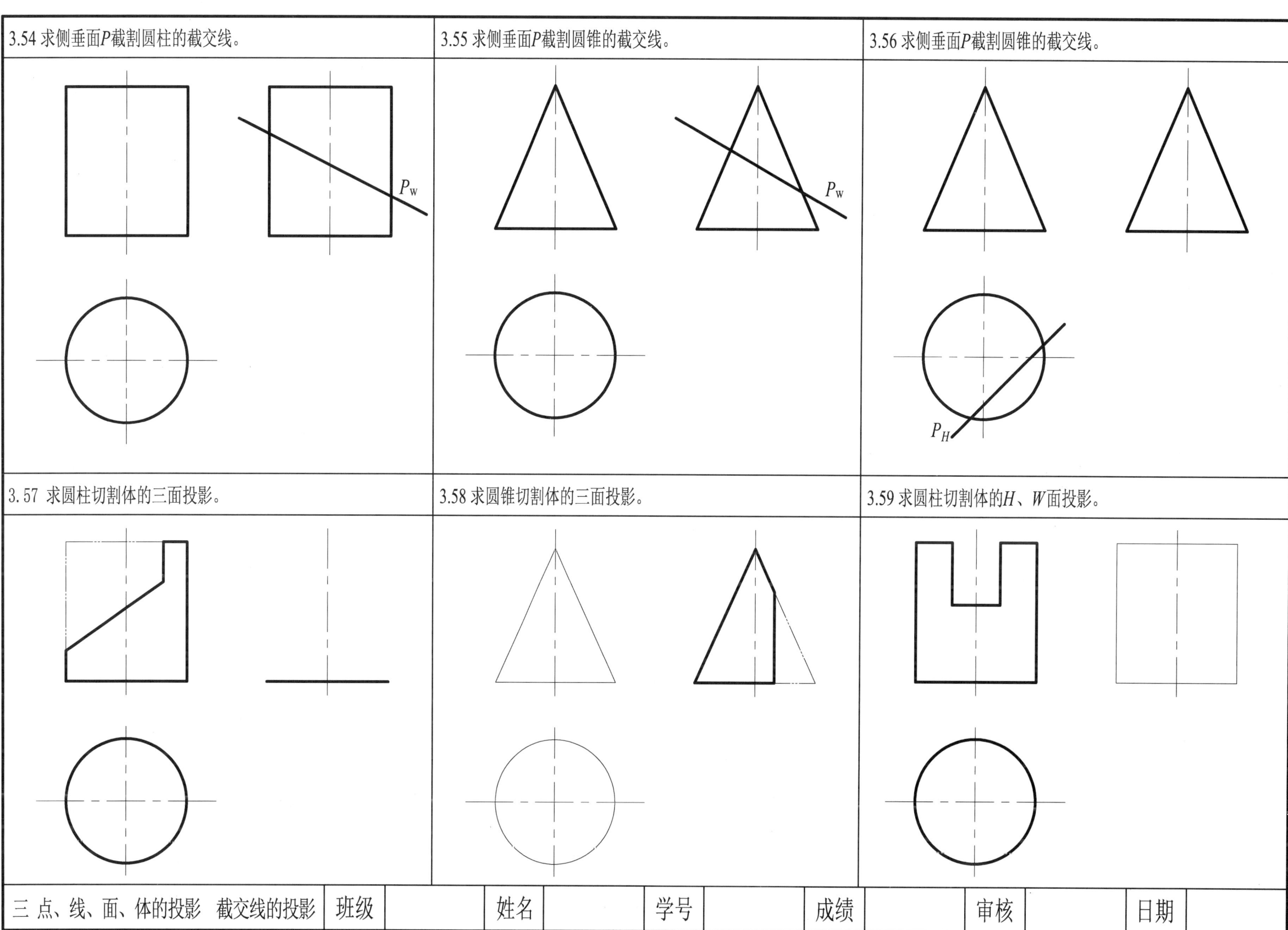

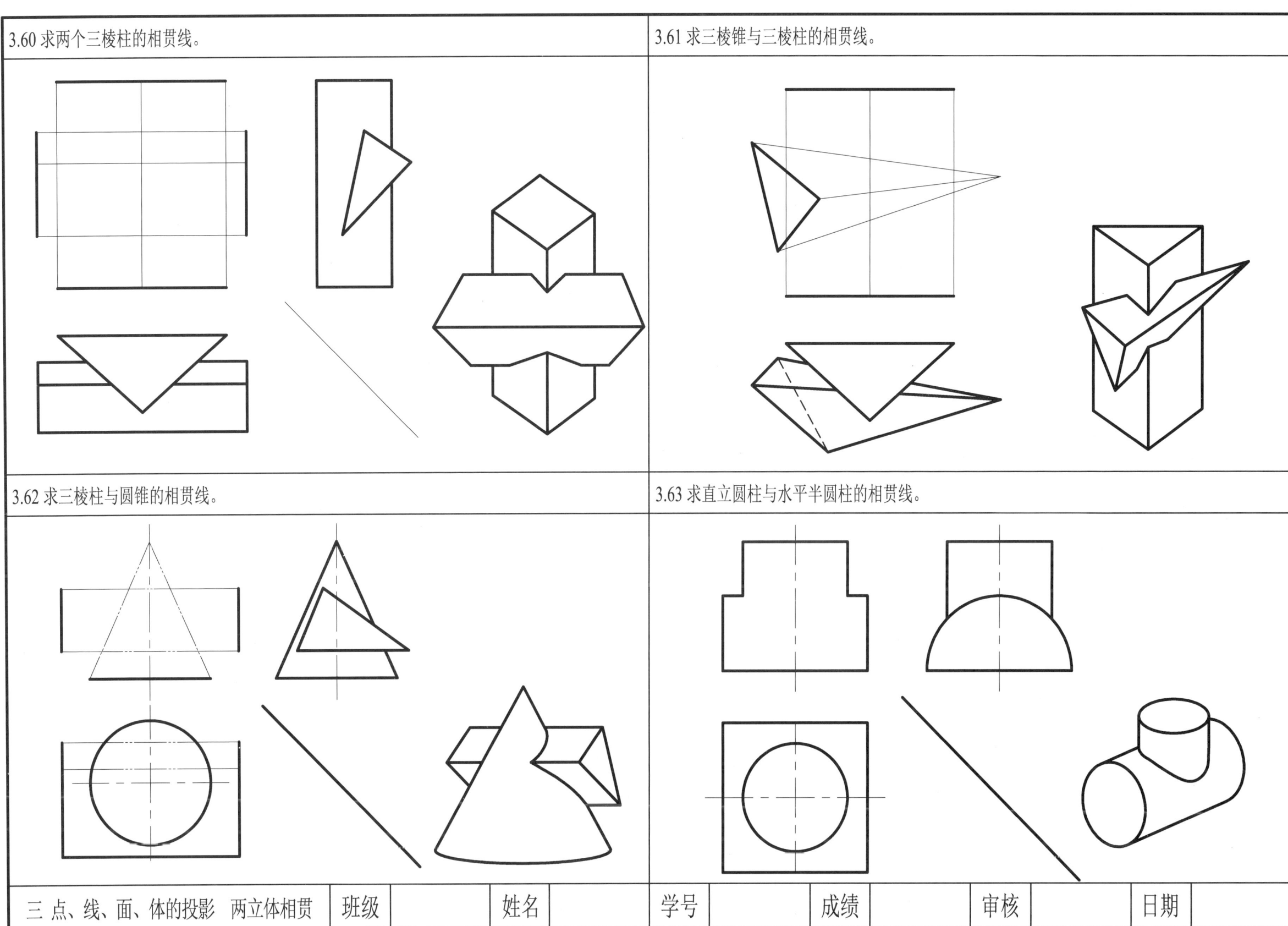

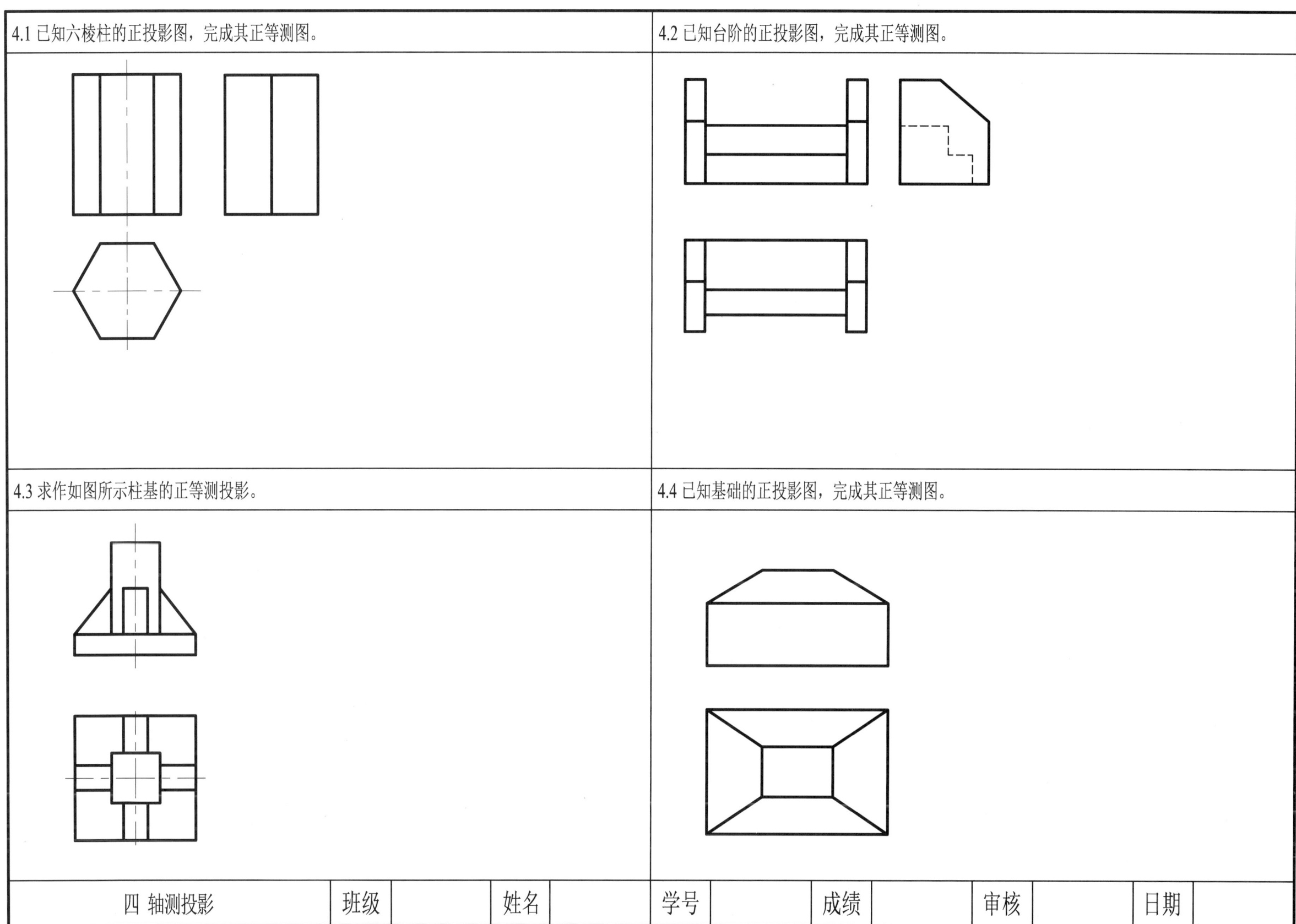

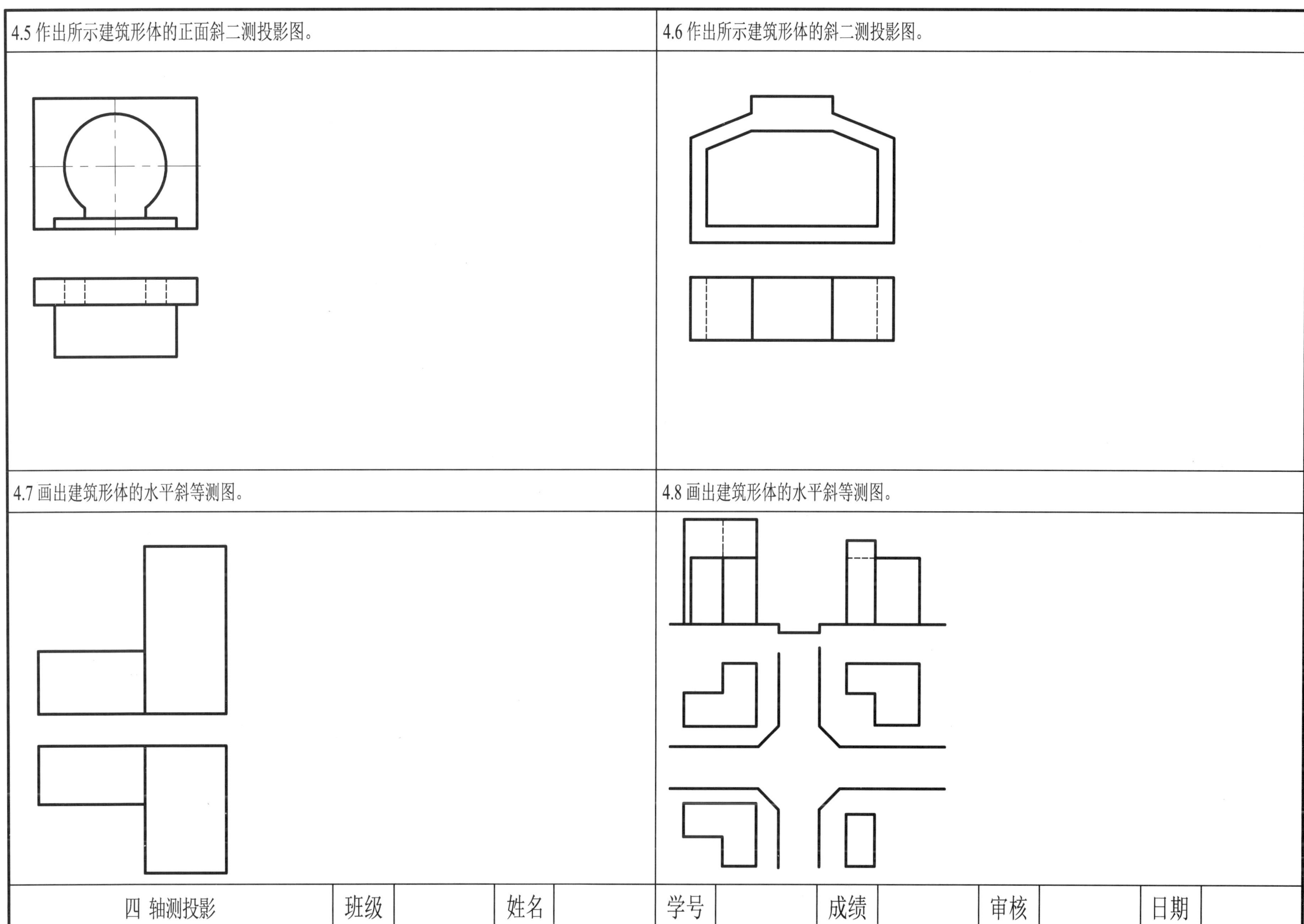

5.1 补出下列组合体投影中所缺图线，注意要以最少图线使投影图成立。

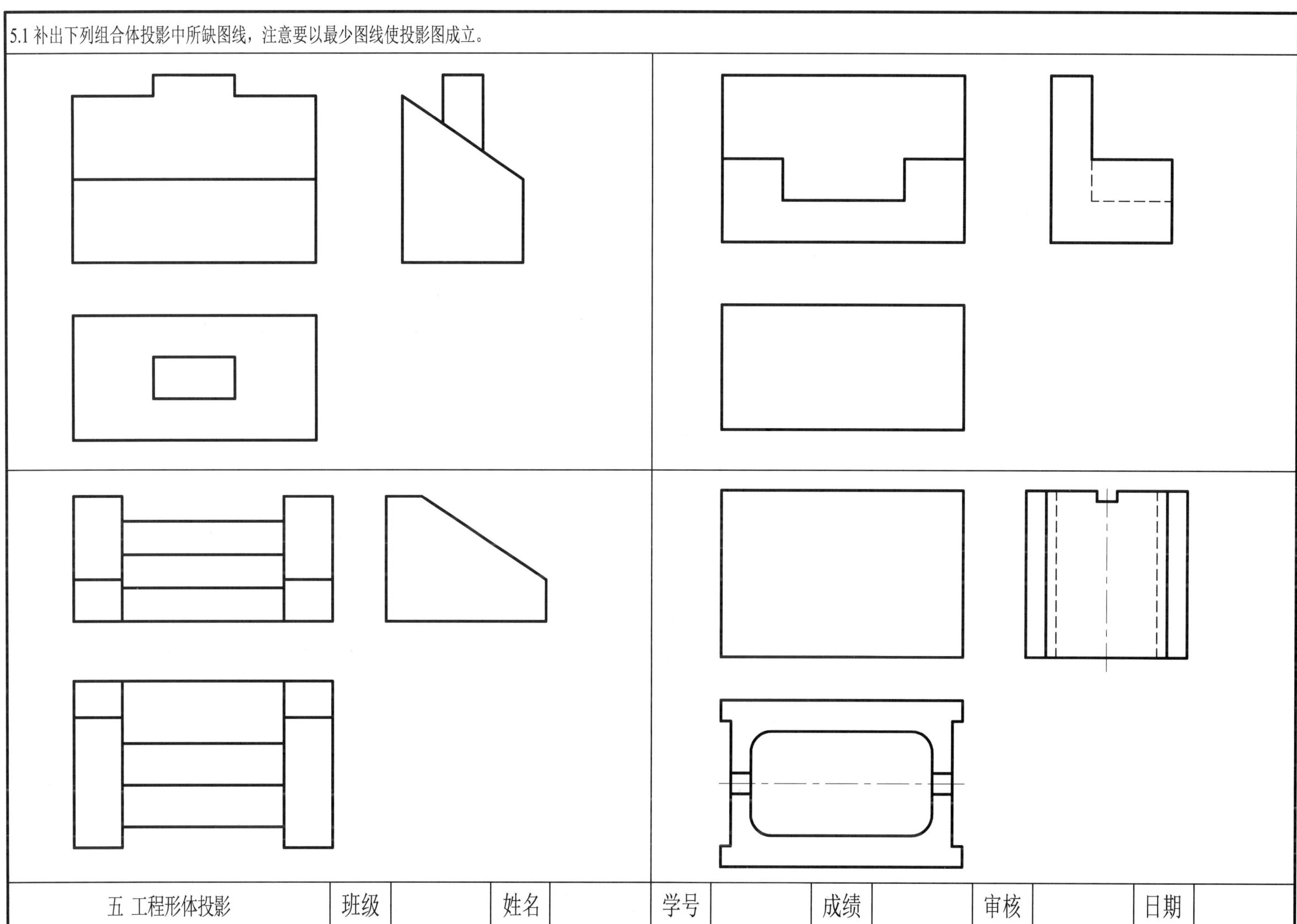

| 五 工程形体投影 | 班级 | 姓名 | 学号 | 成绩 | 审核 | 日期 |

5.2 补出下列组合体投影中所缺图线，注意要以最少图线使投影图成立。

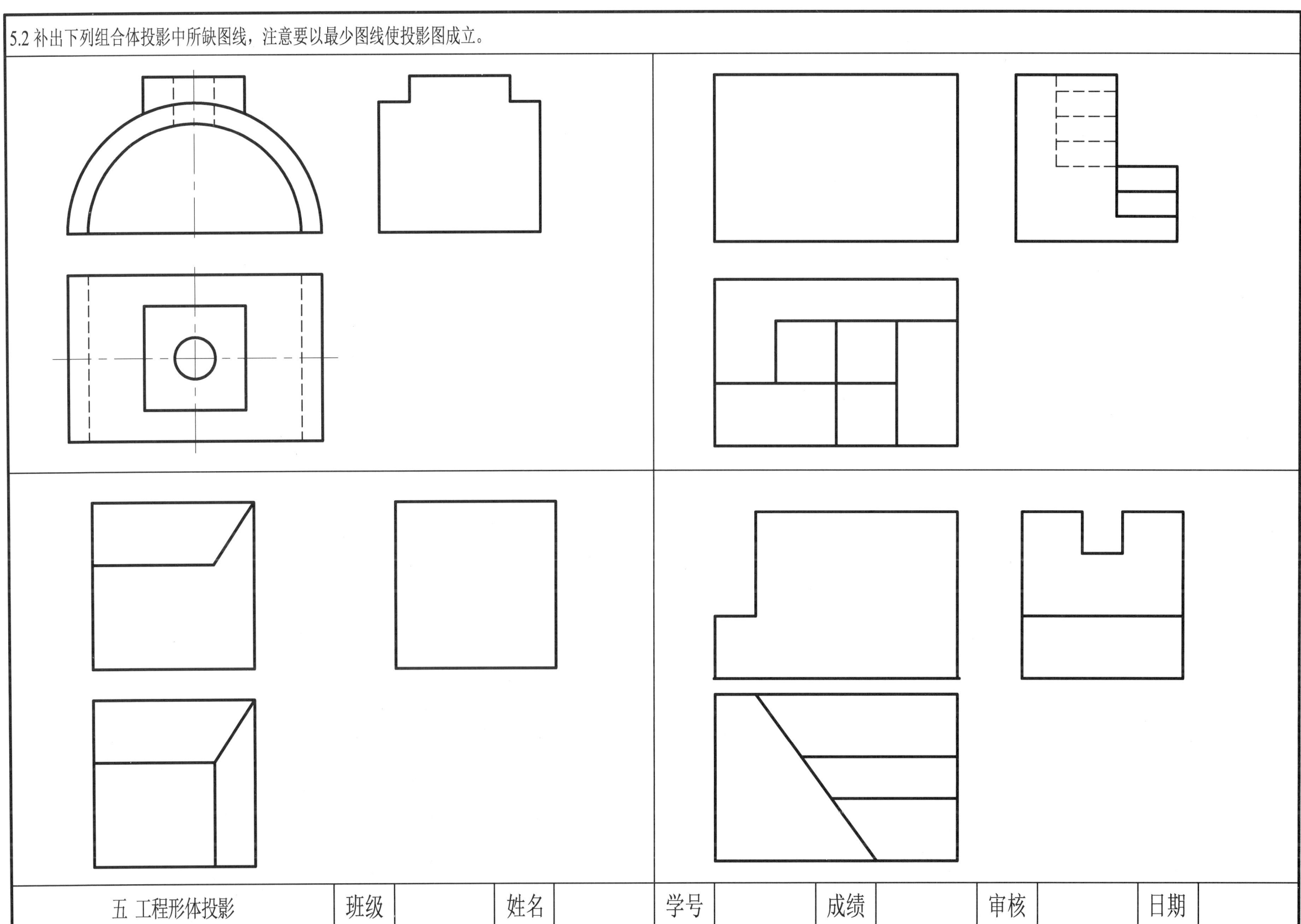

| 五 工程形体投影 | 班级 | 姓名 | 学号 | 成绩 | 审核 | 日期 |

5.3 已知组合体的其中两个视图,请画出第三视图。

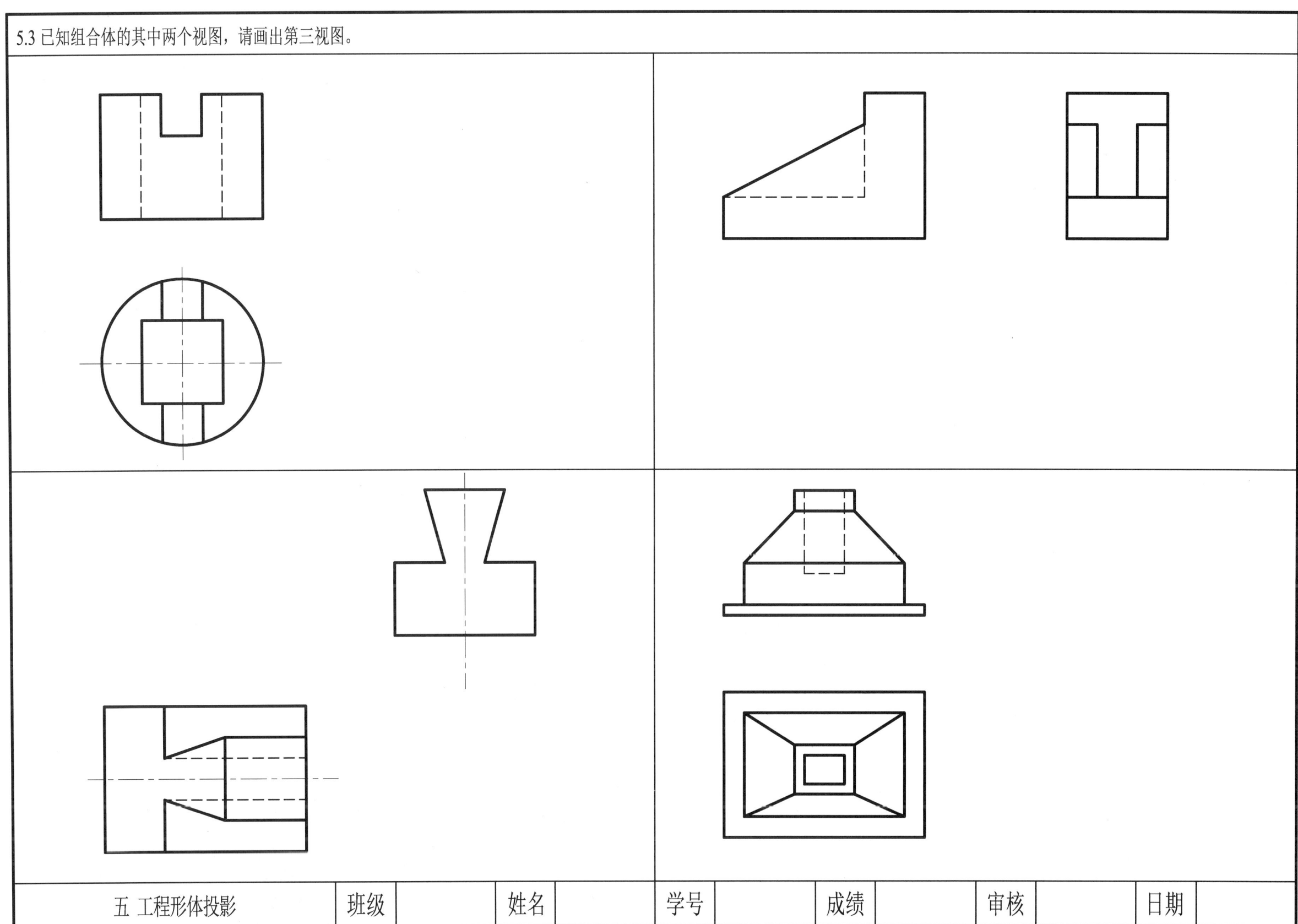

| 五 工程形体投影 | 班级 | 姓名 | 学号 | 成绩 | 审核 | 日期 |

5.4 请画出下面（1）、（2）、（3）小题的全剖或半剖视图，请画出第（4）小题的1—1、2—2断面图。

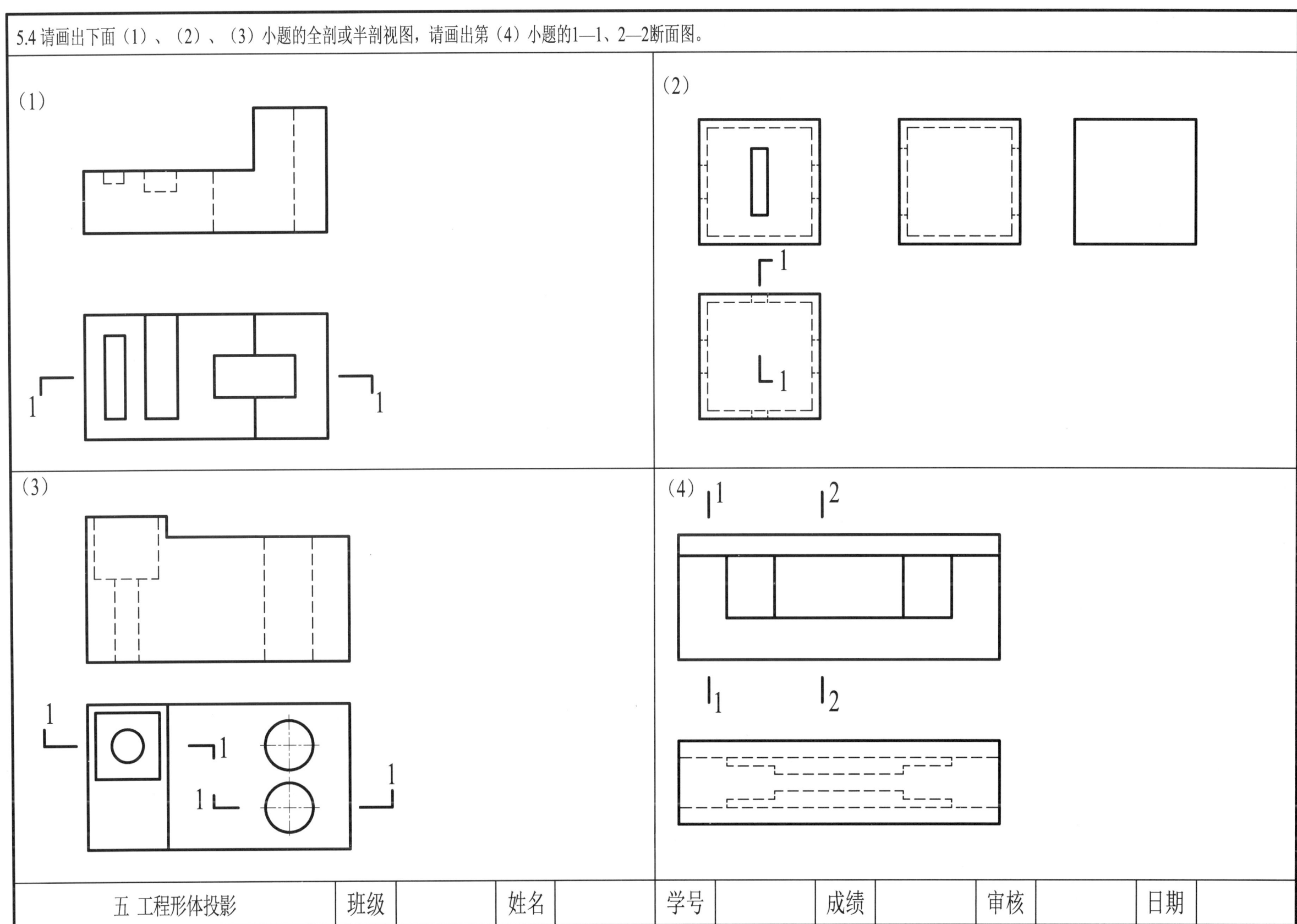

| 五 工程形体投影 | 班级 | | 姓名 | | 学号 | | 成绩 | | 审核 | | 日期 | |

一、单选题，请选择正确答案填到括号内。

1. 以下不属于建筑施工图的是（　　）。
   A.建筑立面图　　　　B.建筑剖面图
   C.构件详图　　　　　D.总平面图

2. 用来确定新建房屋的位置和朝向，以及新建房屋与原有房屋周围地形、地物关系等的图样称为（　　）。
   A.建筑平面图　　　　B.剖面图
   C.立面图　　　　　　D.总平面图

3. 平面图的尺寸由三部分组成，分别是定位尺寸、轴线尺寸和（　　）。
   A.细部尺寸　　　　　B.总体尺寸
   C.定形尺寸　　　　　D.标高尺寸

4. （　　）是建筑施工图的重要组成部分，它详细地表示出所画部位的构造形状、大小尺寸、使用材料和施工方法等。
   A.建筑平面图　　　　B.建筑详图
   C.建筑立面图　　　　D.建筑剖面图

5. 能反映女儿墙的平面图是（　　）。
   A.底层平面图　　　　B.楼层平面图
   C.屋顶平面图　　　　D.局部平面图

6. 下列标高注写正确的是（　　）。
   A. ▽ 3.300 m　　　　B. ▽ 3.300
   C. ▽ 3300 mm　　　　D. ▽ 3.300

7. 在A号轴线之后附加的第二根轴线时，正确的是（　　）。
   A. B/2　　　　　　　B. A/2
   C. 2/B　　　　　　　D. 2/A

8. 指北针符号，圆用细实线绘制，圆的直径是（　　）mm。
   A. 20　　　　　　　　B. 22
   C. 24　　　　　　　　D. 25

9. 若详图与被索引的图样在同一页图纸内，正确的详图符号是（　　）。
   A. ⊖　　　　　　　　B. ⊖
   C. ⊖　　　　　　　　D. ⊙

10. 绘制建筑图的步骤是（　　）。
    A.墙线、门窗、轴线　　B.墙线、轴线、门窗
    C.轴线、墙线、门窗　　D.轴线、门窗、墙线

11. 以下不是总平面图常用的比例是（　　）。
    A. 1∶2 000　　　　　B. 1∶1 000
    C. 1∶500　　　　　　D. 1∶100

二、填空题

1. 房屋建筑施工图由于专业分工不同分为_____、_____、_____。

2. 建筑总平面图中标注的尺寸是以_____为单位，一般标注到小数点后_____；其他建筑图样（平、立、剖面）中所标注的尺寸以_____为单位，标高都是以_____为单位。

3. 在平面图中的剖切符号，长度是_____mm，剖切投射方向符号的长度是_____mm。

4. 立面图中用加粗实线表示_____，用粗实线表示_____。

5. 当比例为1∶50时，图上量的长度是30 mm，实际长度为_____m。

六 建筑施工图的阅读与绘制　｜班级｜姓名｜学号｜成绩｜审核｜日期

三、绘图练习，根据要求分别使用A2图纸画出相应的平面、剖面、详图。

1.按照要求绘制教材98页首层平面图，只画一半用折断线断开。绘制步骤如下：

(1) 绘制轴线。考虑标注尺寸、轴号、图名、图框、标题栏及其他符号等，均匀布置图面，根据开间和进深尺寸绘制出定位轴线，如(a)所示。

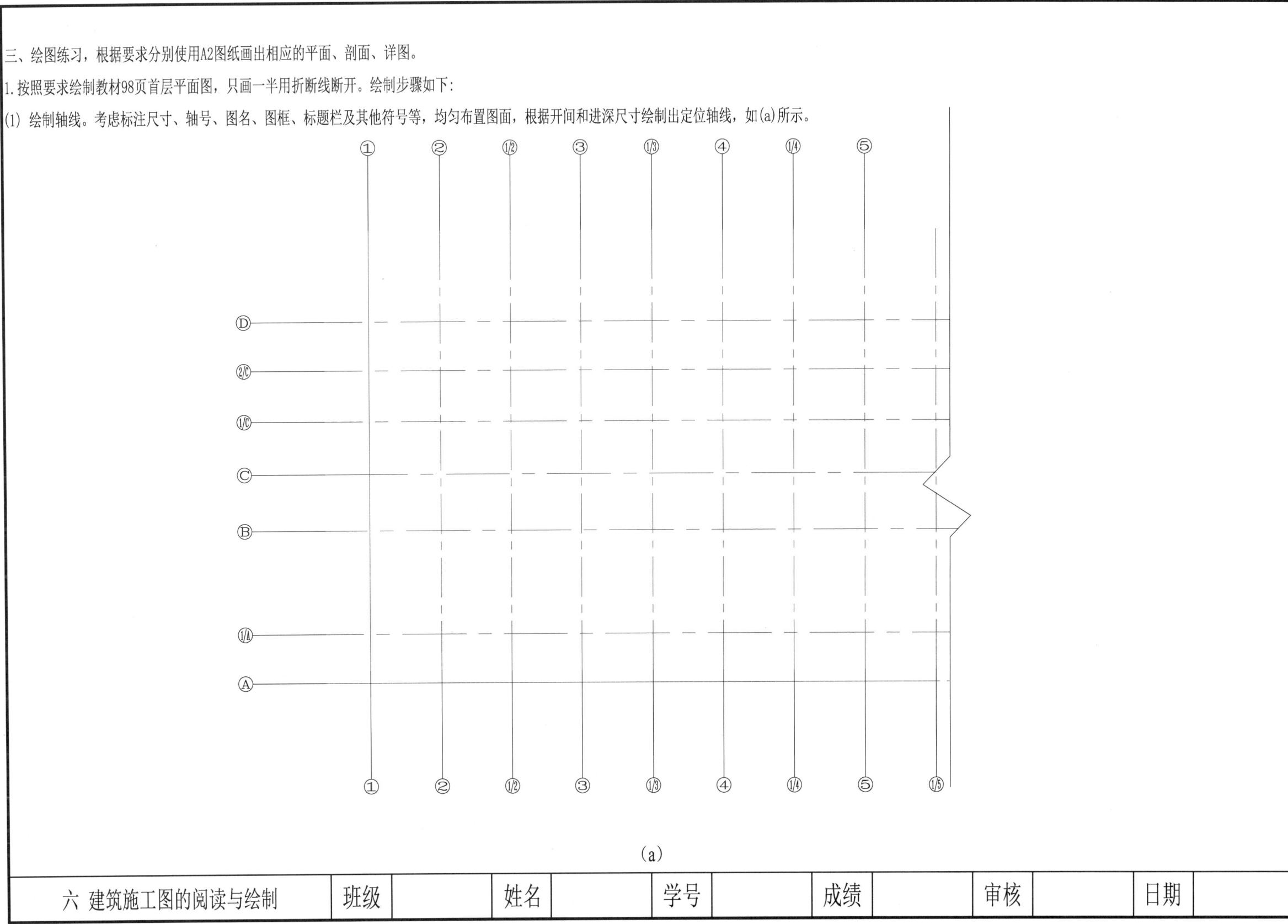

(a)

| 六 建筑施工图的阅读与绘制 | 班级 | | 姓名 | | 学号 | | 成绩 | | 审核 | | 日期 | |

(2) 绘制墙体。根据墙厚尺寸绘制墙体，如图(b)所示。可以暂时不考虑门窗洞口，画出全部墙线草图。草图线要画得细而轻，以便修改。

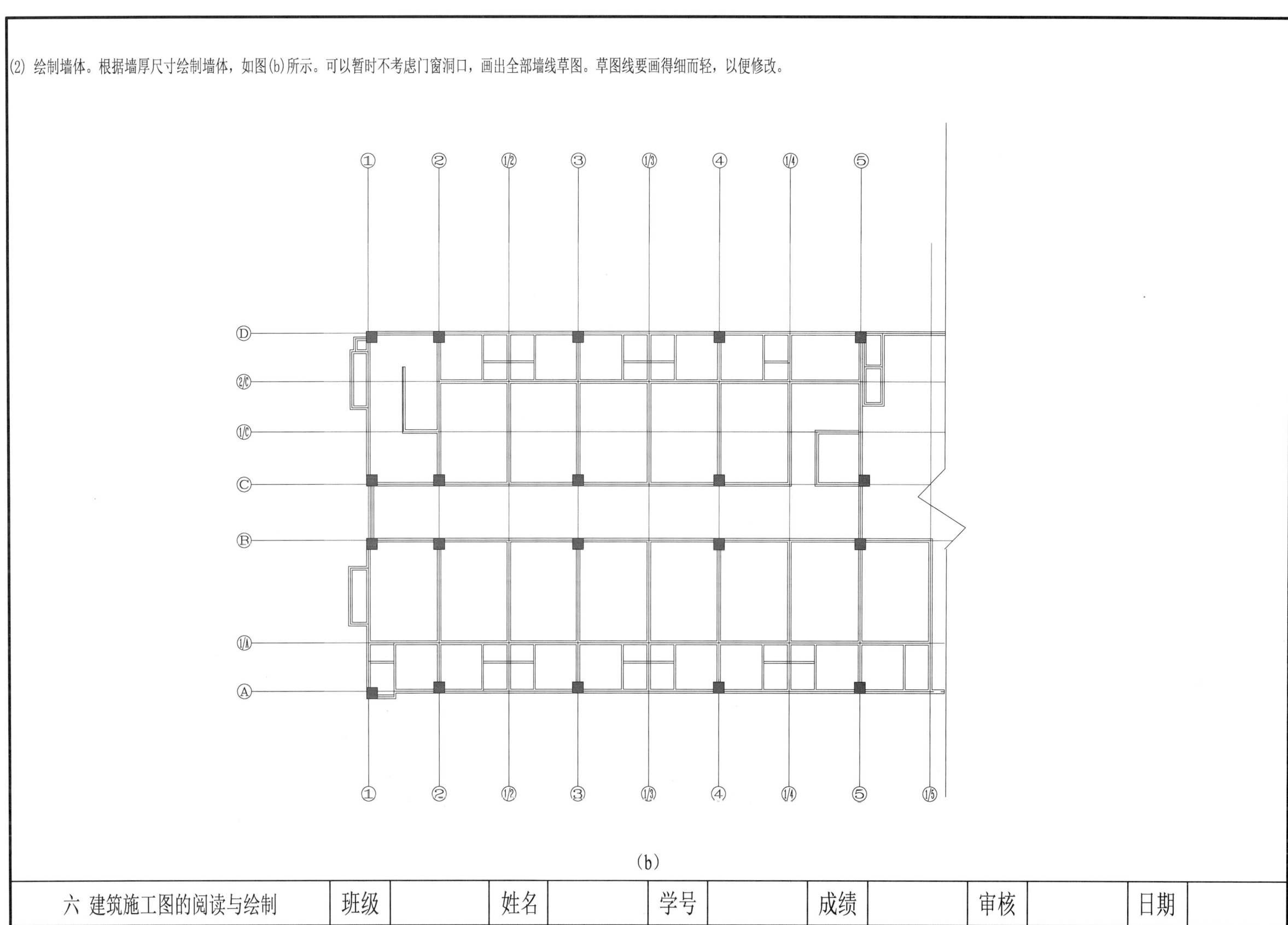

(b)

| 六 建筑施工图的阅读与绘制 | 班级 | | 姓名 | | 学号 | | 成绩 | | 审核 | | 日期 | |

(3) 门窗开洞。根据门窗的大小及位置,确定门窗的洞口。

(4) 绘制门窗符号。按规定图例绘制门窗的符号,如图(c)所示。

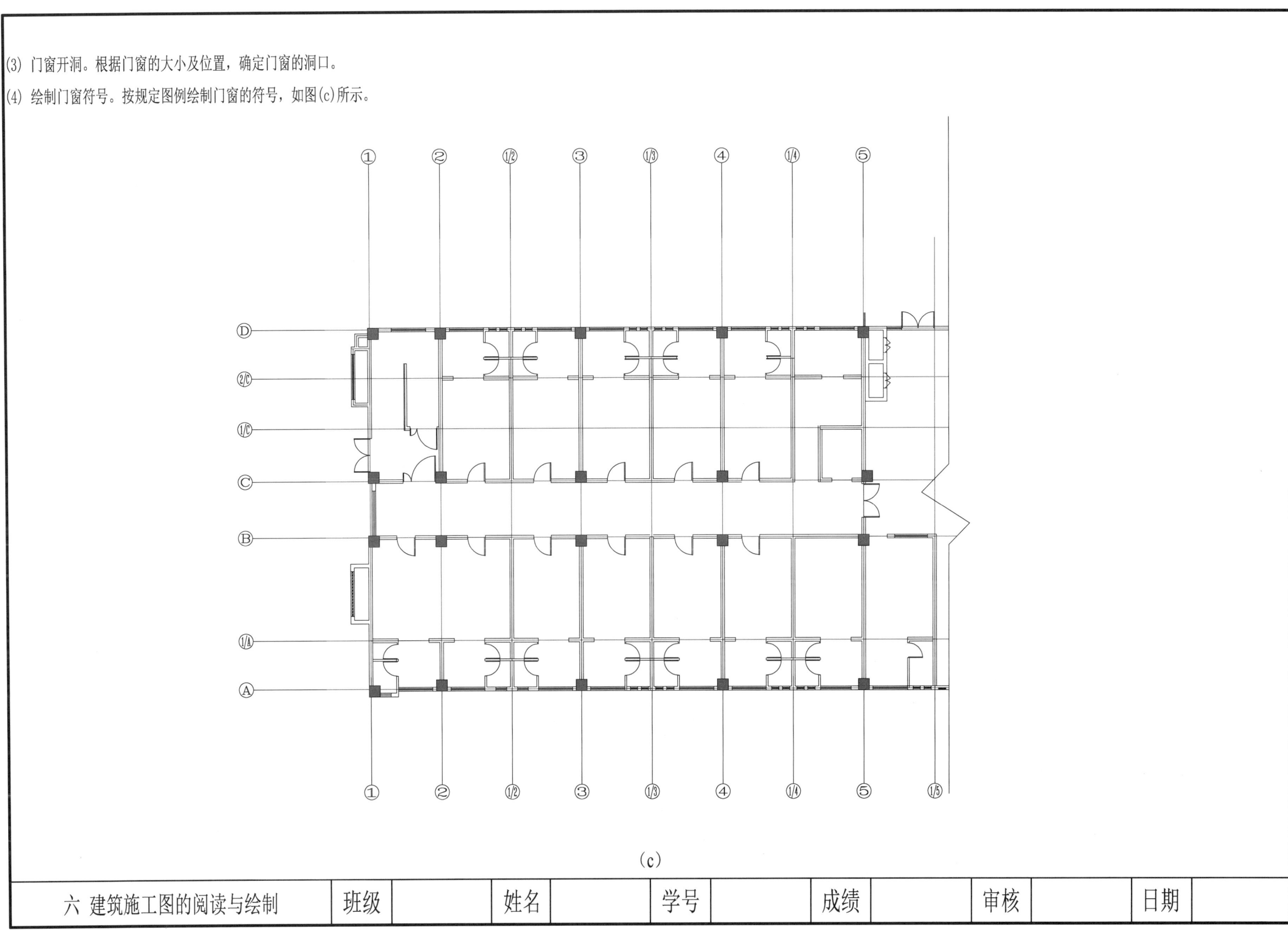

(c)

| 六 建筑施工图的阅读与绘制 | 班级 | | 姓名 | | 学号 | | 成绩 | | 审核 | | 日期 | |

(5) 其他。包括室内家具、壁柜、卫生隔断、室外阳台、台阶、散水等，如图(d)所示。

(6) 加深墙线。

(7) 标注。标注尺寸、房间名称、门窗名称及其他符号，完成全图。

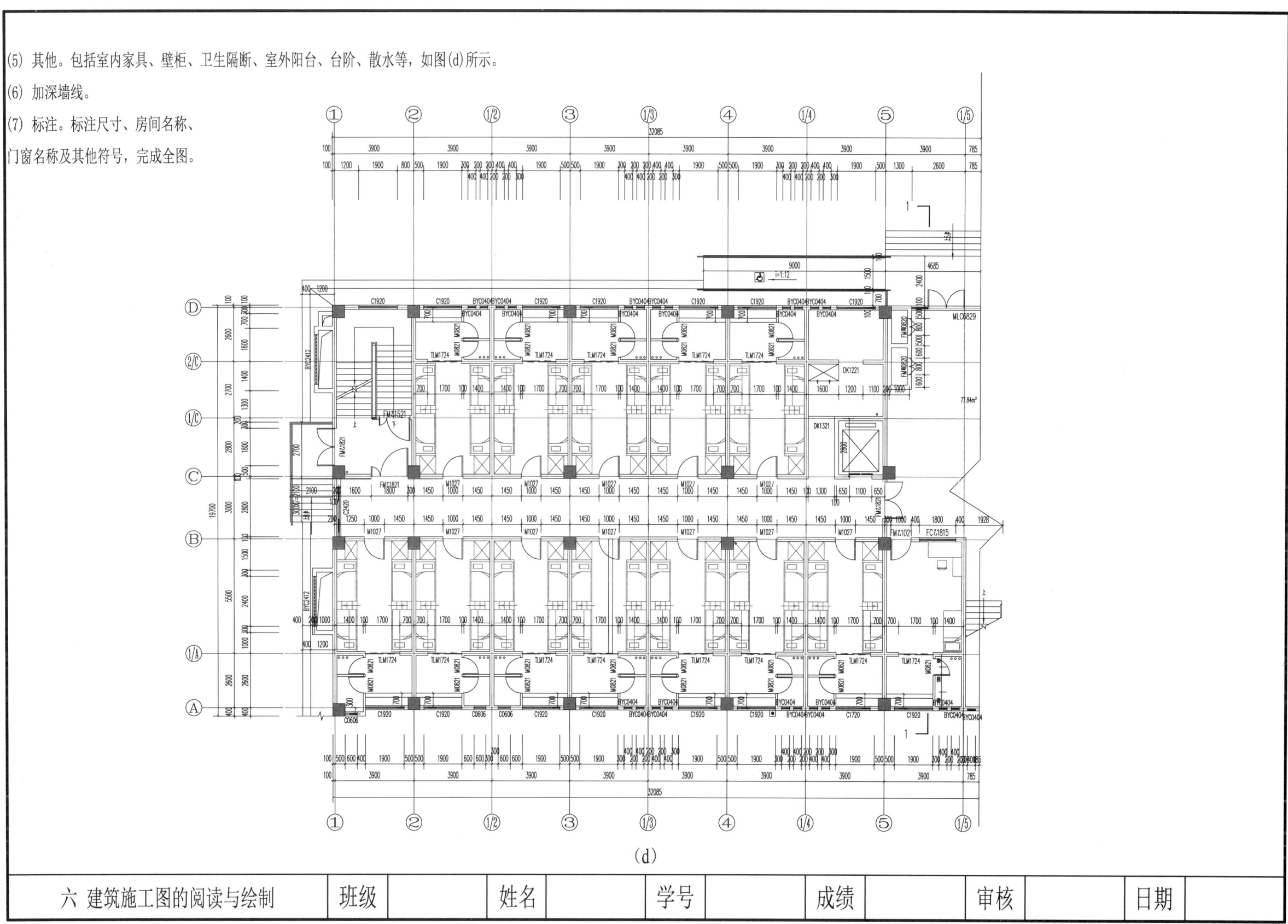

(d)

六 建筑施工图的阅读与绘制

2.按照要求绘制教材107页1—1剖面图，绘制步骤如下：

(1) 画定位线。考虑好图面的布置后，先画出定位线：该剖视处对应的轴线、各楼层的层面线以及室外地面线，如图（a）所示。

这里的定位线是绘制被剖切墙体、门窗和楼板板的主准。

(a)

| 六 建筑施工图的阅读与绘制 | 班级 | | 姓名 | | 学号 | | 成绩 | | 审核 | | 日期 | |

(2) 画墙体、楼板、楼梯等。绘制剖切到的内外墙及楼板，绘制楼梯的投影，注意剖切到的梯段和未剖切到的梯段都要画，如图（b）所示。

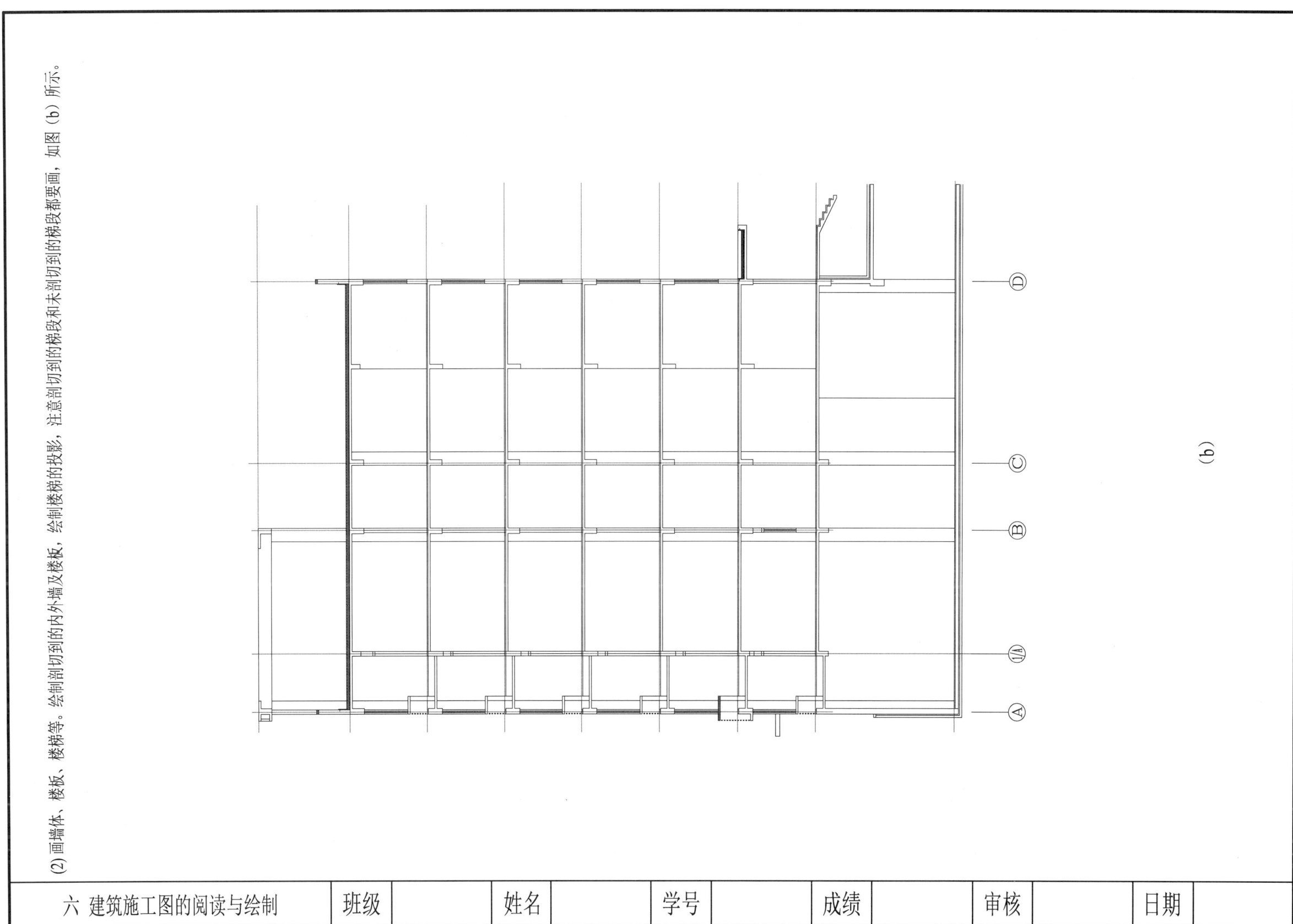

(b)

| 六 建筑施工图的阅读与绘制 | 班级 | 姓名 | 学号 | 成绩 | 审核 | 日期 |

31

(3) 装饰图线。经检查无误，擦除多余的图线，按剖面图的线性要求加深墙体、圈梁、过梁及被剖切的梯段的图线，并画出断面材料图例，如图（c）。

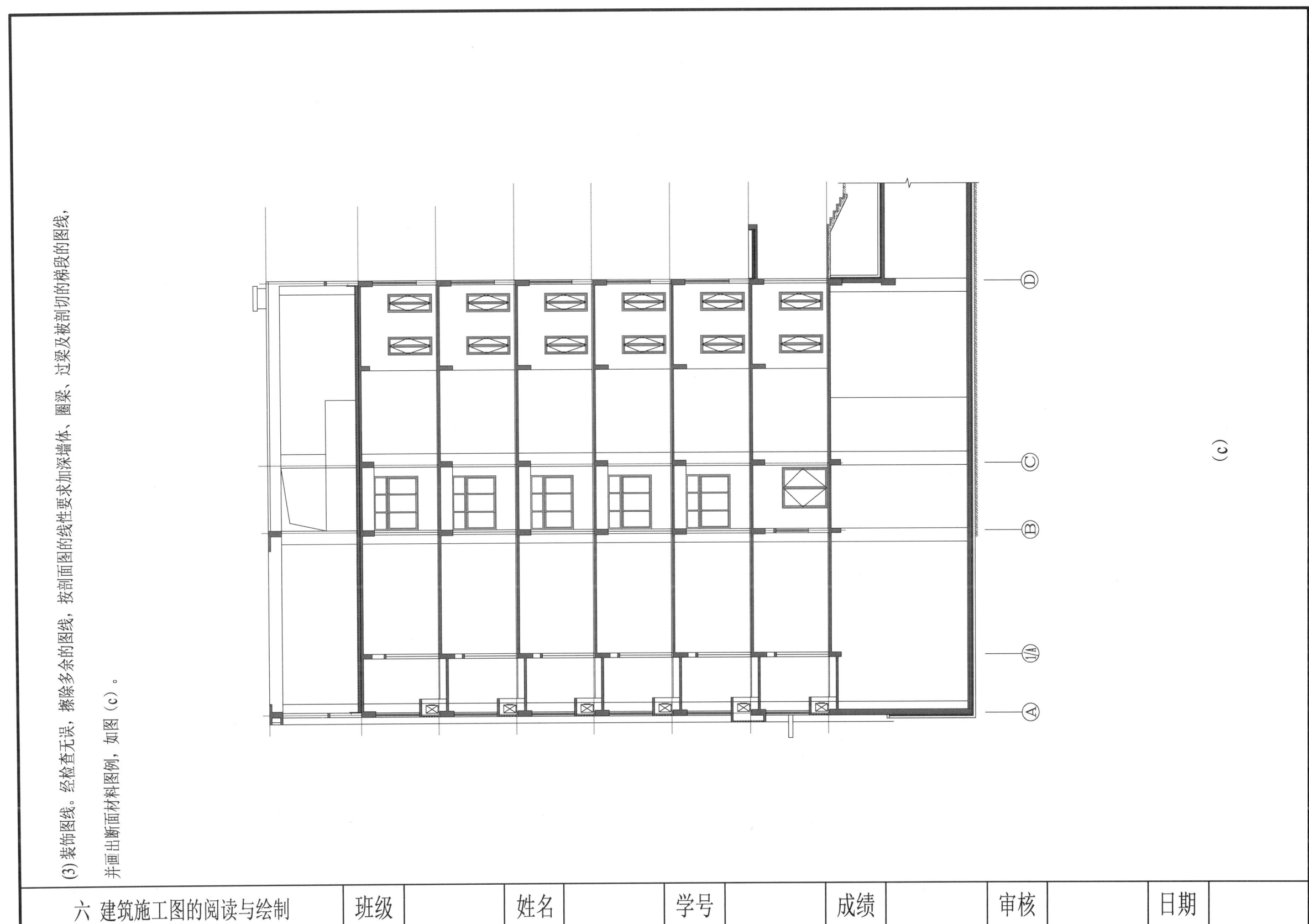

(c)

| 六 建筑施工图的阅读与绘制 | 班级 | | 姓名 | | 学号 | | 成绩 | | 审核 | | 日期 | |

(4) 完成全图。标注标高、尺寸、轴线、索引符号等，完成全图，如图（d）。

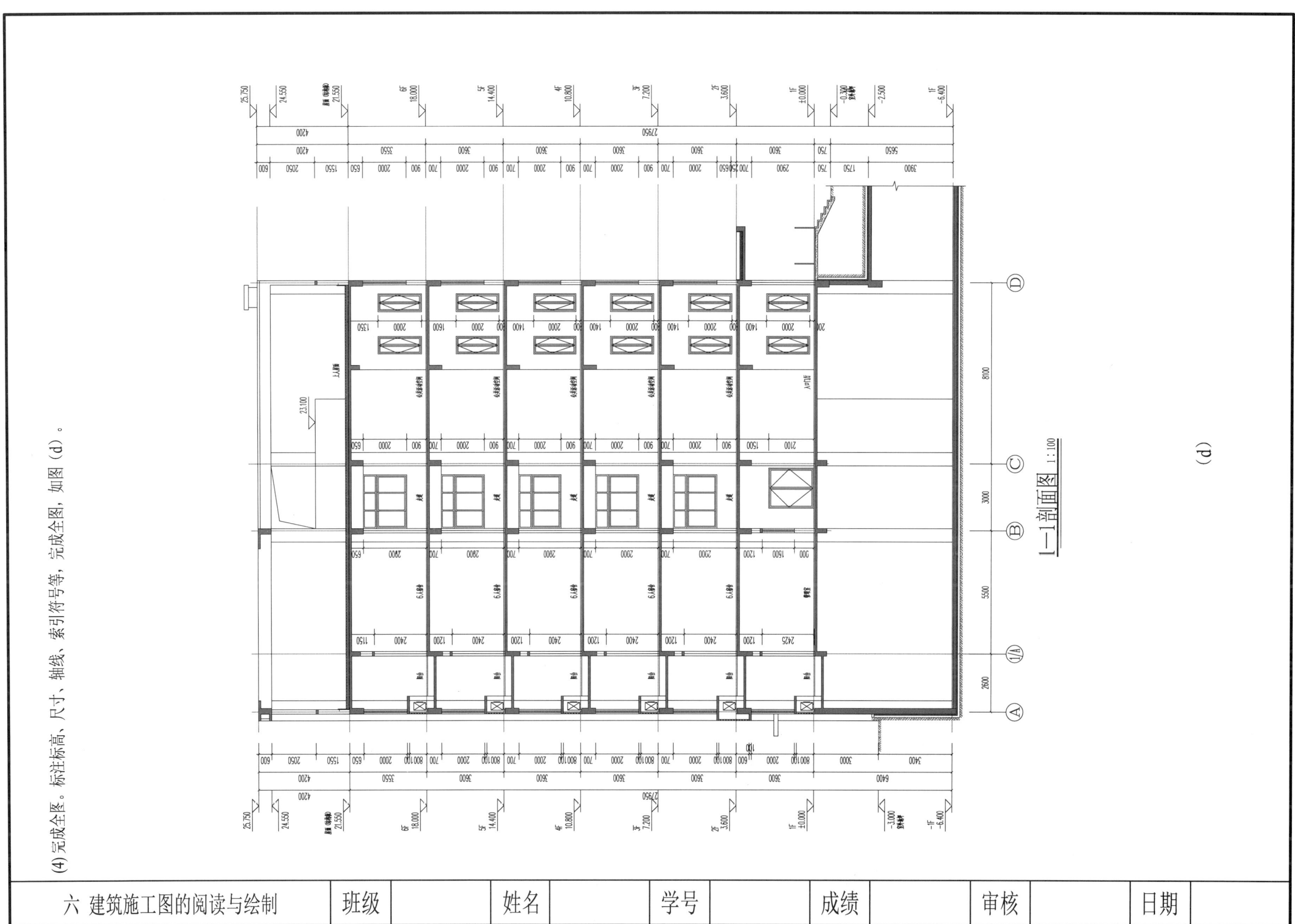

(d)

| 六 建筑施工图的阅读与绘制 | 班级 | 姓名 | 学号 | 成绩 | 审核 | 日期 |

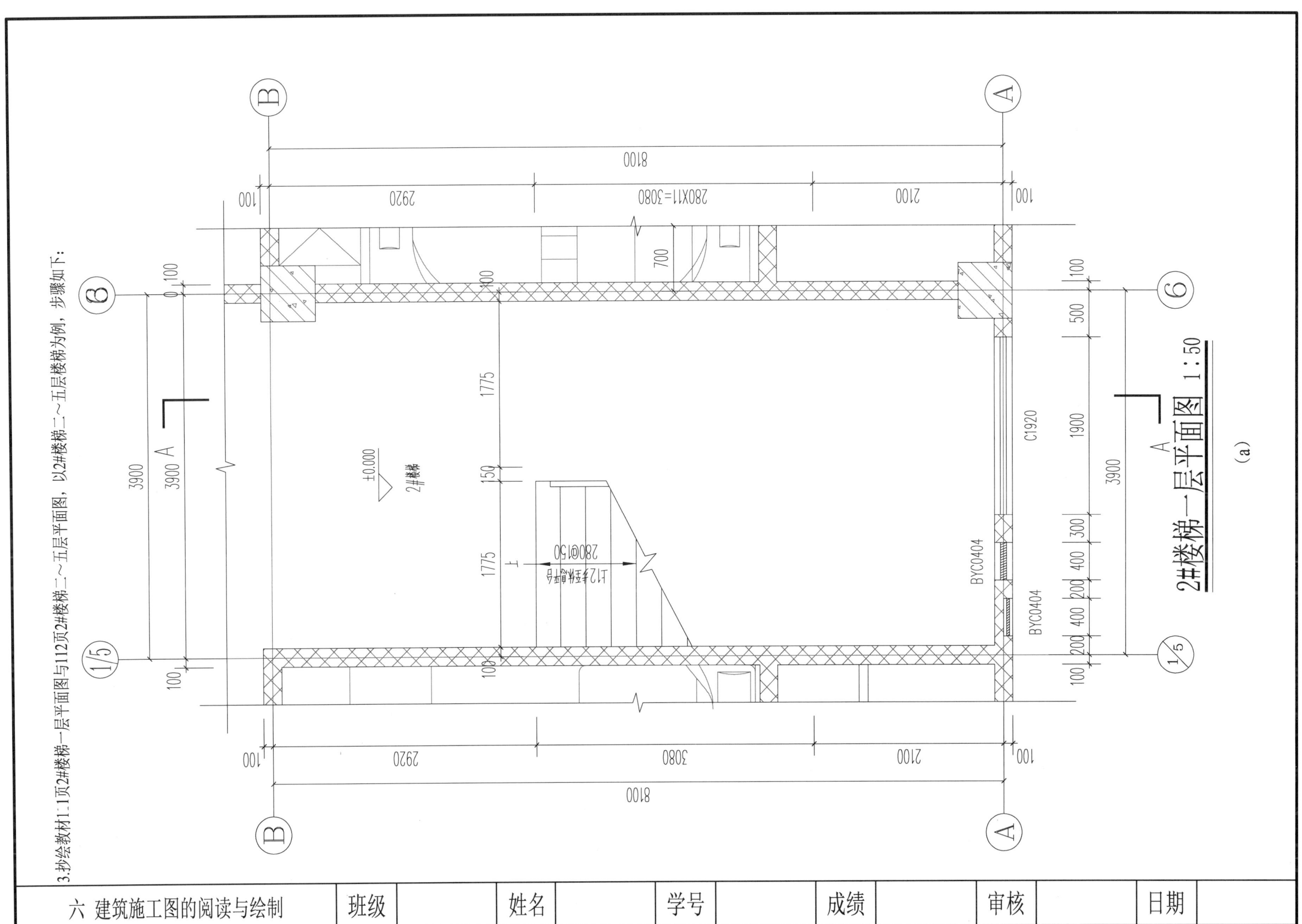

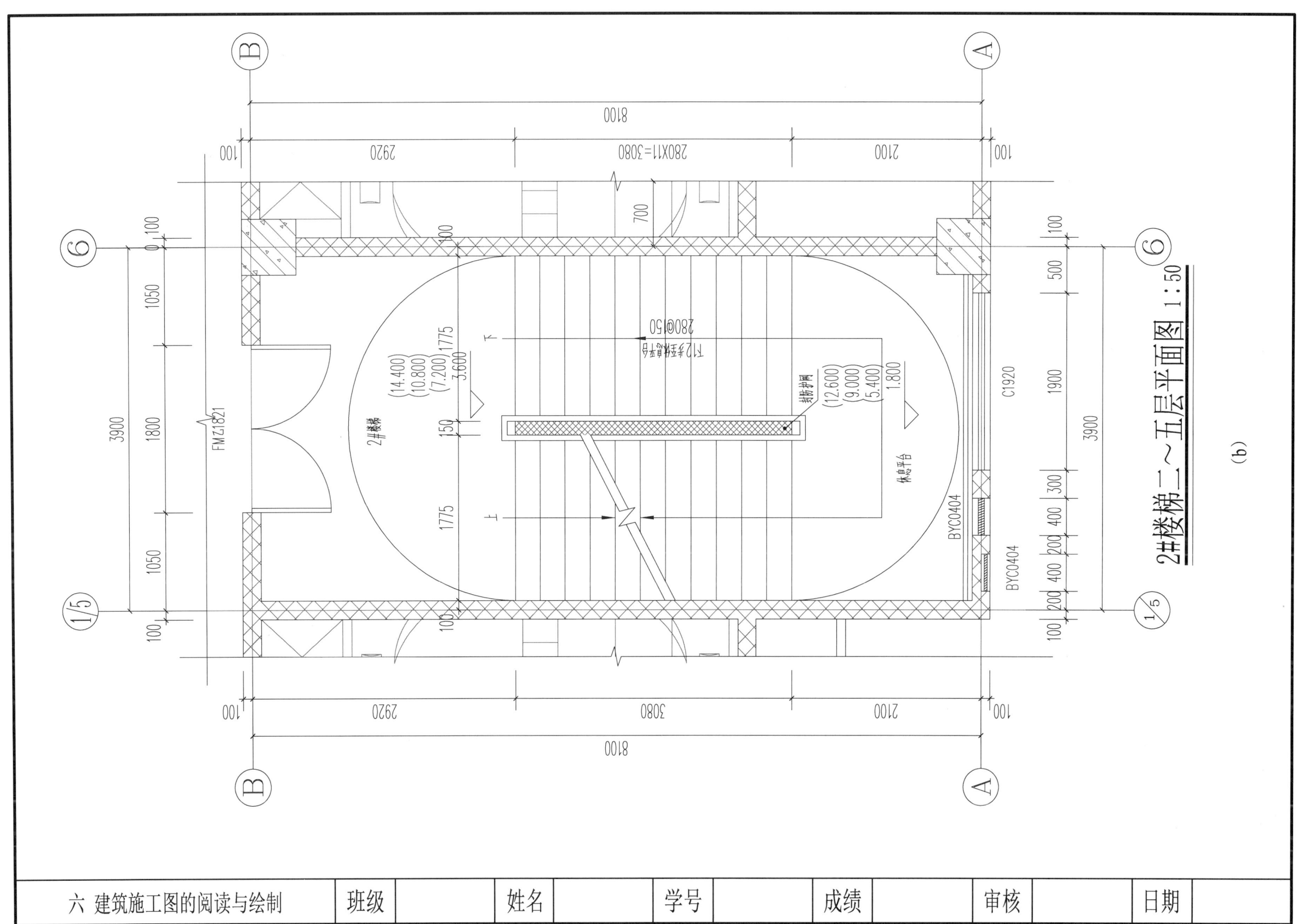

(1)确定楼梯间的轴线位置,并画出梯段长度、平台深度、梯段宽度、梯井宽度等,如图(a)。

(2)画出墙体,根据踏面数、踏面宽度,用几何作图中等分平行线的方法等分梯段长度,画出踏步,如图(b)。

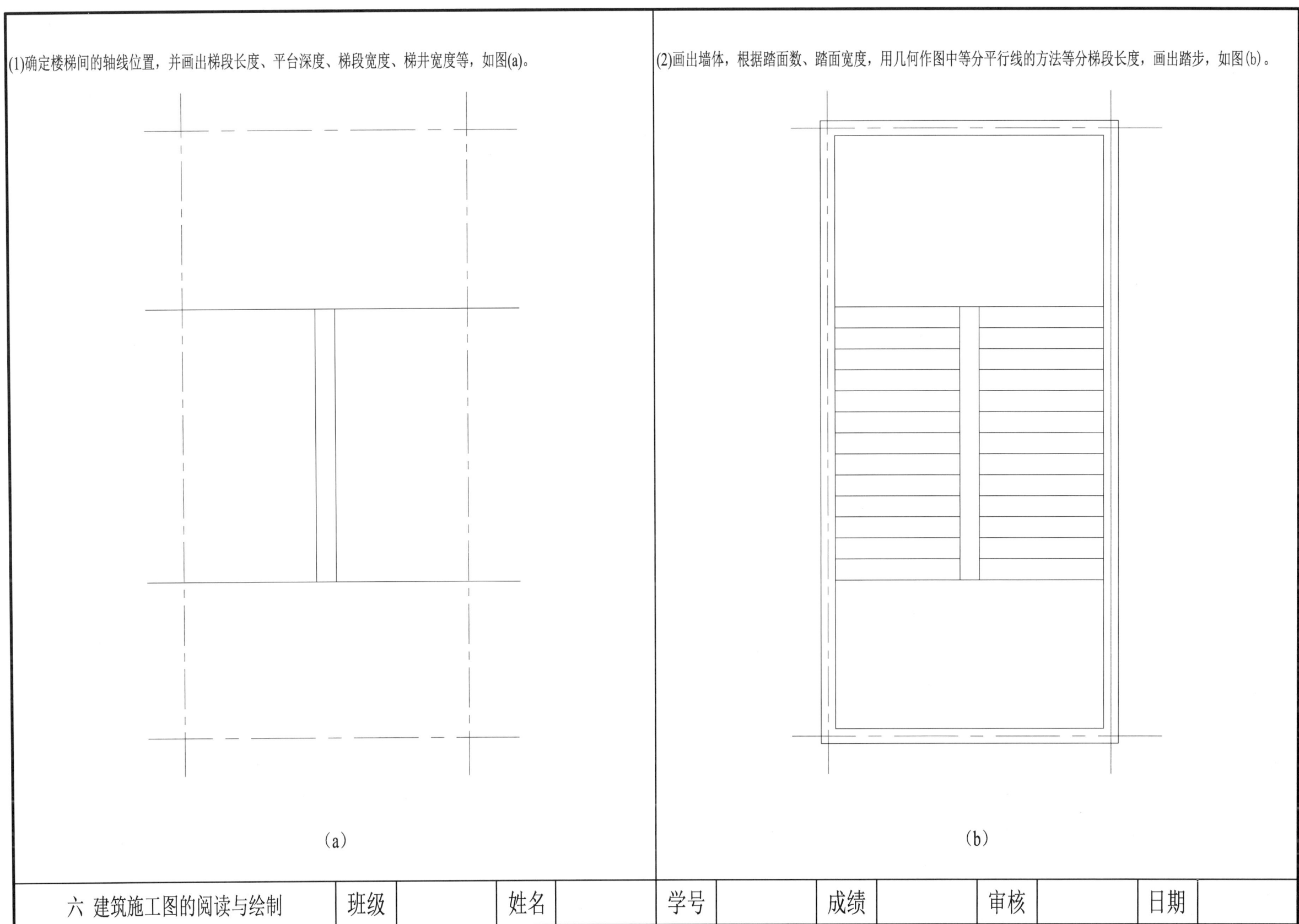

(a)

(b)

| 六 建筑施工图的阅读与绘制 | 班级 | | 姓名 | | 学号 | | 成绩 | | 审核 | | 日期 | |

(3) 画门窗柱、箭头等细部，并按线型要求加深图线，如图(c)。

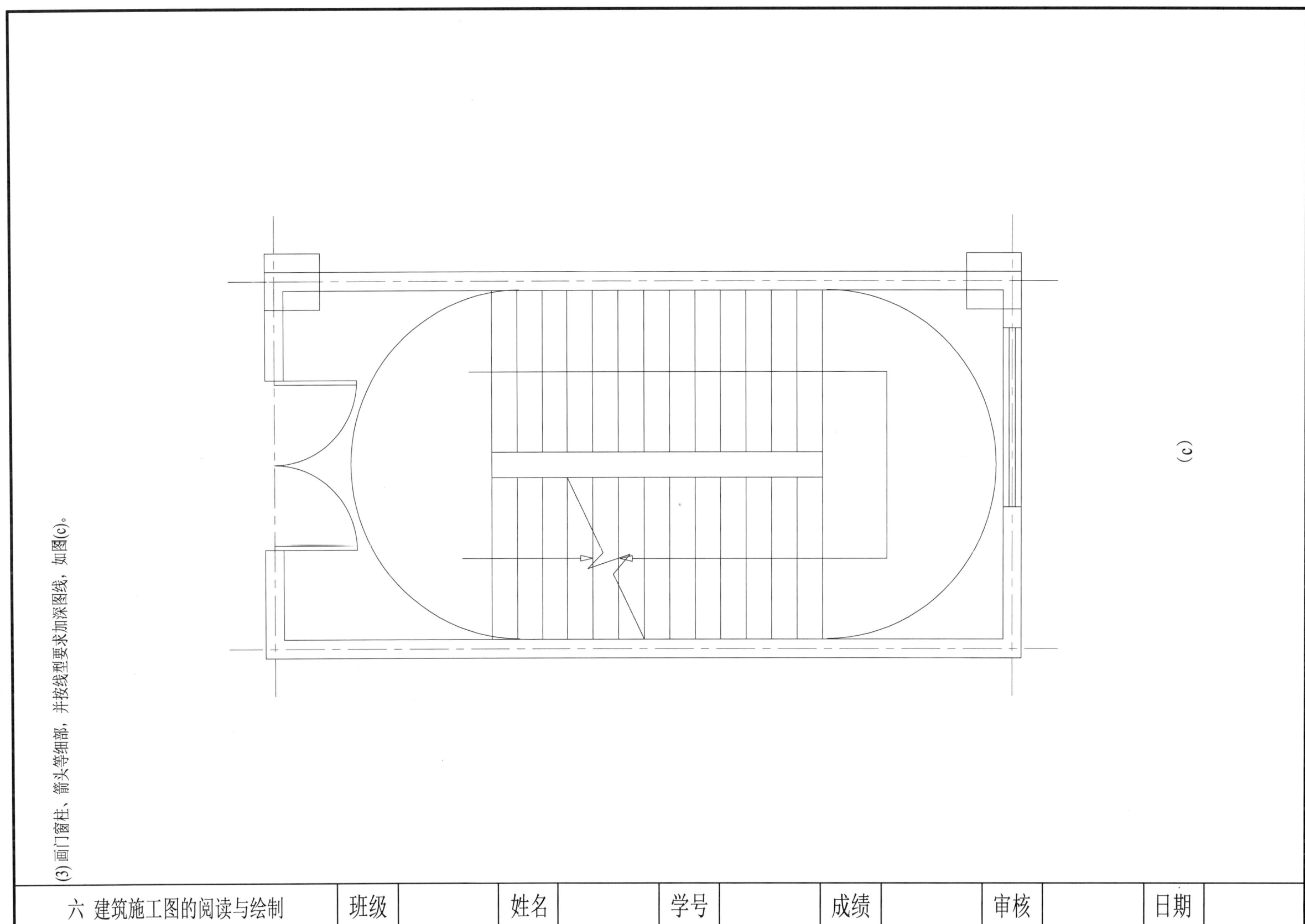

(c)

| 六 建筑施工图的阅读与绘制 | 班级 | | 姓名 | | 学号 | | 成绩 | | 审核 | | 日期 | |

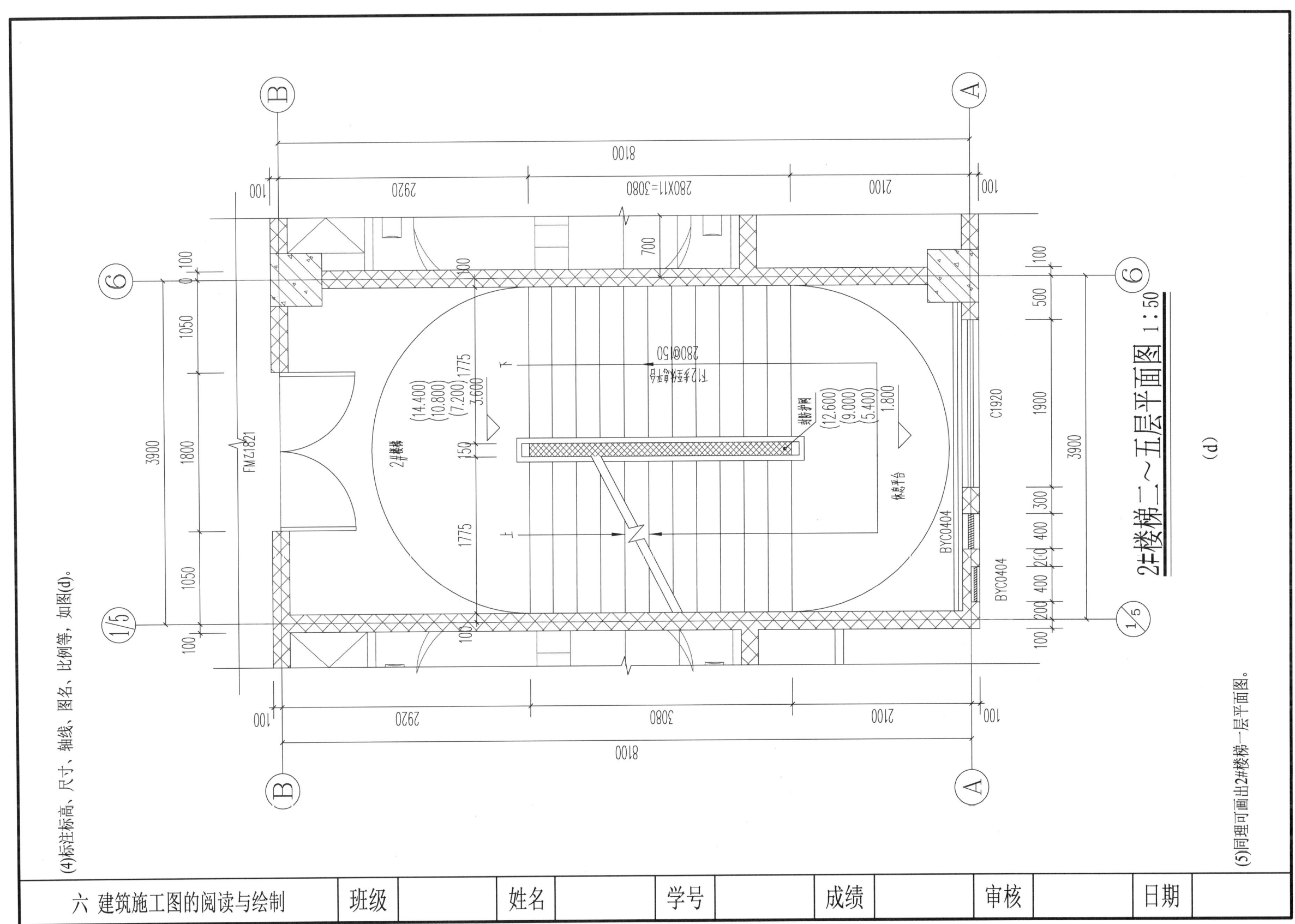

4.按照要求绘制教材115页A—A剖面图，绘制步骤如下：

(1)确定楼梯间的轴线位置，画出楼地面、平台面与梯段的位置，如图(a)。

(2)确定墙身并确定踏步位置，确定踏步时，仍用等分平行线间距的方法，如图（b）。

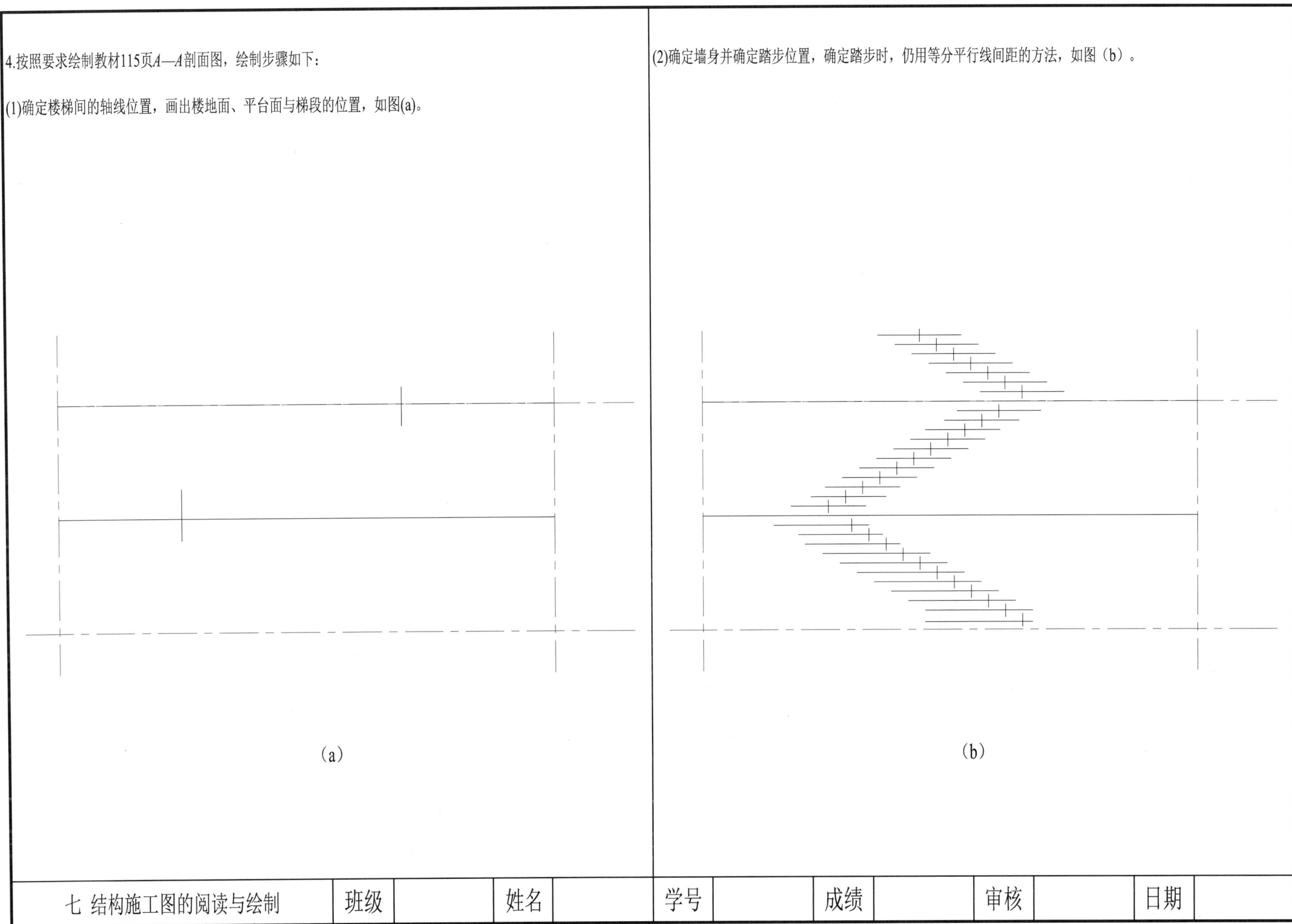

(a)　　　　　　　　　　　　　　　　（b）

| 七 结构施工图的阅读与绘制 | 班级 | | 姓名 | | 学号 | | 成绩 | | 审核 | | 日期 | |

(3)画细部,如窗、梁、栏板等,如图(c)。

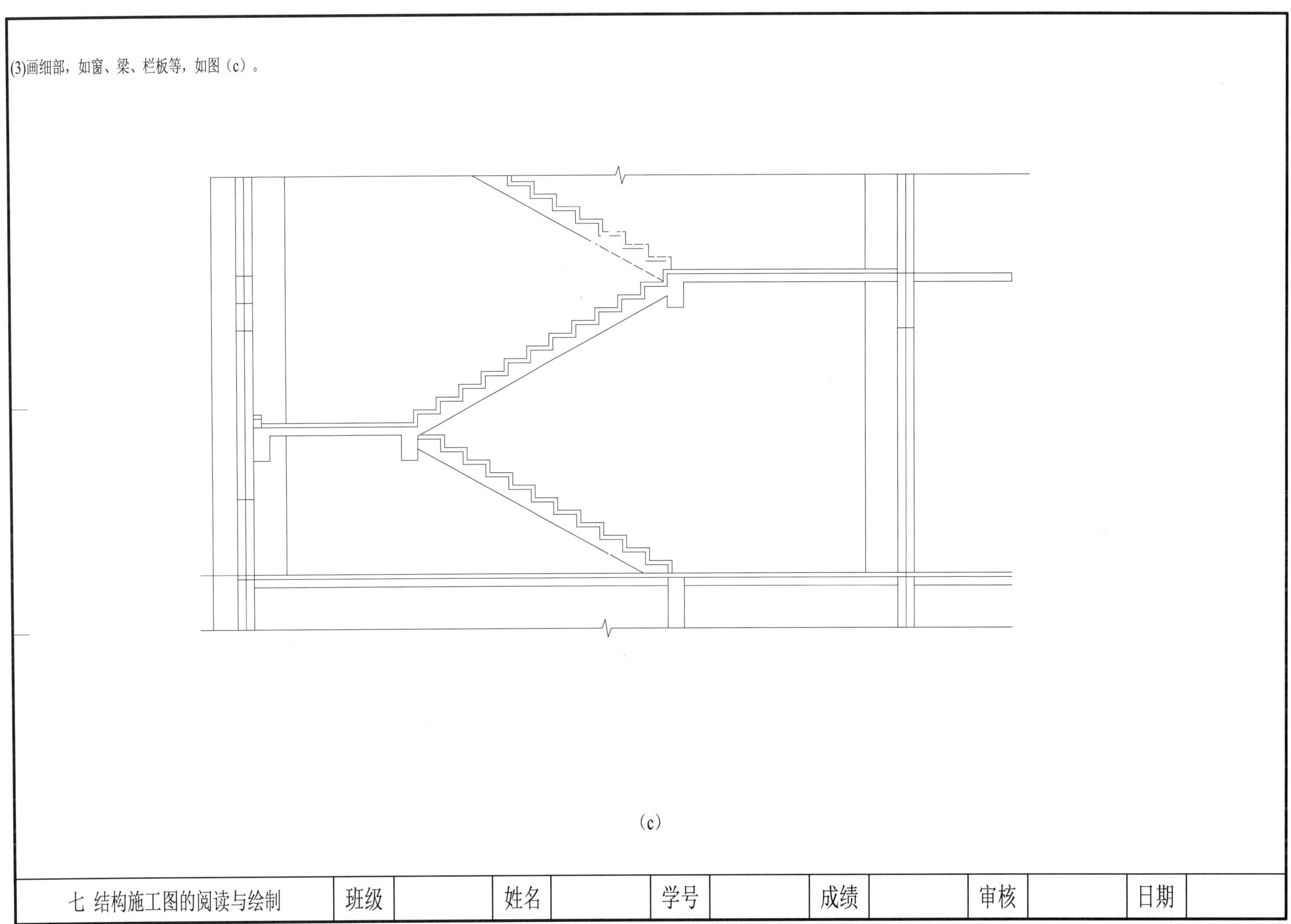

(c)

| 七 结构施工图的阅读与绘制 | 班级 | | 姓名 | | 学号 | | 成绩 | | 审核 | | 日期 | |

(4)经检查无误后,标注轴线、尺寸、标高、索引符号、图名、比例等,按线型要求加深图线,如图(d)。

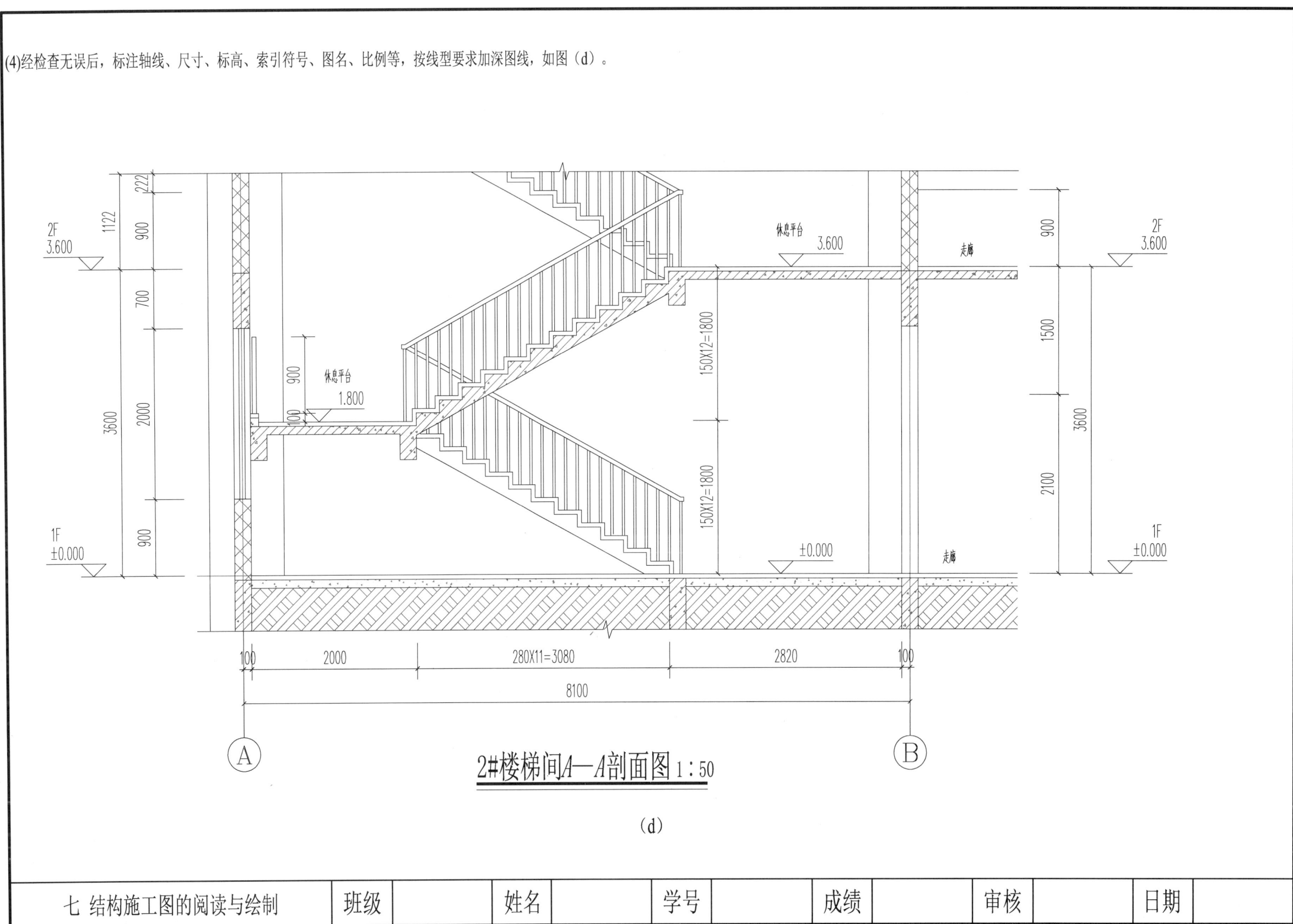

(d)

一、单选题，请选择正确答案填到括号内。

1. 独立基础的施工图是由基础（　　）和基础详图两部分组成。

   A. 立面图　　　　　　B. 断面

   B. 平面图　　　　　　D. 剖面图

2. 《混凝土结构设计规范》规定混凝土的强度等级按混凝土的抗压强度确定，用字母（　　）表示，字母后的数字越大，等级越高，表示抗压强度越大。

   A. A　　　　　　　　B. C

   C. MU　　　　　　　D. M

3. 钢筋混凝土现浇板中的受力钢筋需要标注它的直径和（　　）。

   A. 根数　　　　　　　B. 间距

   C. 半径　　　　　　　D. 重量

4. 结构中@是钢筋的间距代号，其含义是（　　）。

   A. 钢筋相等中心距离　　B. 钢筋的外皮至内皮

   C. 钢筋的外皮至外皮　　D. 钢筋的内皮至内皮

5. 基础的埋置深度是指（　　）的垂直距离。

   A. ±0.00到垫层表面　　B. 室外地坪到垫层底面

   C. 室内地坪到基础底部　D. 室外地坪到基础底部

6. 下列构件代号正确的是（　　）。

   A. 基础—JC　　　　　B. 吊车梁—DCL

   C. 柱间支撑—CC　　　D. 雨棚—YP

7. 无弯钩的钢筋（一般钢筋）搭接图例正确的是（　　）。

   A.　　　　　　　　　B.

   C.　　　　　　　　　D.

8. 结构平面图中，不应采用细实线绘制的是（　　）。

   A. 形态的主要轮廓线　　B. 尺寸线

   C. 标高符号　　　　　　D. 索引符号

9. 以下哪项不是楼梯的组成部分（　　）。

   A. 梯段　　　　　　　B. 平台

   C. 梯梁　　　　　　　D. 台阶

10. 在梁的平法施工图中，平面注写包括集中标注与原位标注，以下哪项不是集中标注的必注内容（　　）。

    A. 编号　　　　　　　B. 截面尺寸

    C. 箍筋　　　　　　　D. 标高高差

二、填空题。

1. 写出下列常用结构构件的代号名称：B____、L____、QL____、GL____、J____、Z____、GZ____。

2. 钢筋混凝土构件中的钢筋按其作用分为____、____、____、____、____、____。

3. ____是在建筑物地面以下承受房屋全部荷载的构件，它支撑着其上部建筑物的全部荷载，并将这些荷载及自重传给下面的____。

4. 钢筋混凝土构件的详图按其着重表示的对象不同，有____和模板图。

5. 楼梯剖面图的剖切符号通常在____中表示。

七 结构施工图的阅读与绘制	班级	姓名	学号	成绩	审核	日期

三、识图题。

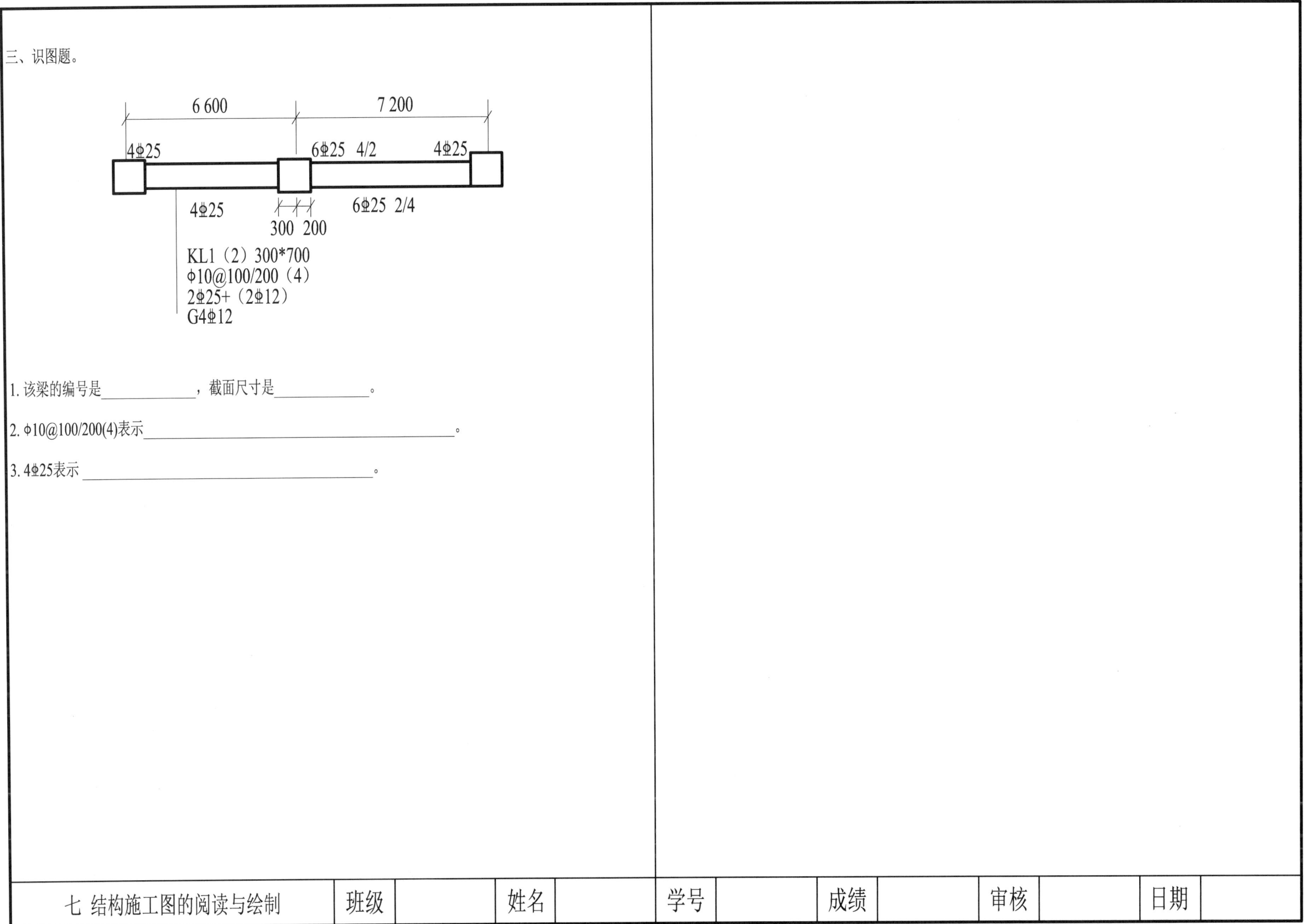

1. 该梁的编号是_____，截面尺寸是_____。

2. φ10@100/200(4)表示_____。

3. 4Φ25表示_____。

七 结构施工图的阅读与绘制